中公新書 2850

松元雅和著

政治哲学講義

悪さ加減をどう選ぶか

中央公論新社刊

はじめに

歴史上もっとも有名な政治家の一人と言ってもよい、イギリスの首相ウィンストン・チャーチルに関する説話から始めよう。第二次世界大戦を通じてイギリスを率いた彼は、ヨーロッパで孤立状態のなか対独戦争を戦い、最終的にはアメリカの参戦も得て世界をナチス・ドイツから救った英雄として描かれる。戦後は冷戦の開始を宣言したいわゆる「鉄のカーテン」演説や、逆説的に民主主義を擁護した「民主主義は最悪の政治形態」の格言でも知られる。一九五三年には著書『第二次世界大戦』でノーベル文学賞も受賞している。

チャーチルには考えさせられるエピソードがある。それは、ドイツによるイギリス本土への攻撃がもっとも激しかった一九四〇年、とりわけ多くの被害を出した工業都市コヴェントリーの空襲に際し、攻撃計画を事前に察知しながらあえて見逃したというものだ。背景には、ドイツが第一次世界大戦後に開発したエニグマ暗号とそれを解読する努力があった。当時の

図0－1　爆撃されたコヴェントリーを訪れるチャーチル

イギリスでは、絶対に解読不可能とされていたこの暗号を解読するための最高機密作業「ウルトラ」が組織され、密《ひそ》かに暗号解読に成功していたのだ。

ドイツ側の通信を解読した結果、チャーチルはコヴェントリーが攻撃対象であることを事前に察知したが、暗号解読の事実を伏せるためにあえて避難指示を行わなかった。仮に事前避難でドイツ側に不審を抱かせてしまえば、暗号解読の努力が水泡に帰してしまうからである。

この空襲で都市の中央部はほとんど破壊され、五〇〇人以上が死亡し、四万戸以上の家屋が損壊した。結果的に、ドイツは終戦までエニグマを使用し続け、イギリスが暗号解読を秘密裏のままにしていたことが最終的に戦争を勝利に導いたとされる。

付け加えると、この説話は現在、事実に基づかない神話であるとの見解が有力である。そもそも、エニグマの解読作業の存在それ自体が、戦後もなお機密事項であった。話の発端は、解読作業に関わっていた人物によって一九七四年にその存在が暴露された際、こうしたエピソードが併せて紹介されたことにあるようだ（ウィンターボーザム『ウルトラ・シークレット』九二頁〜）。ともあれ、これが彼の手腕や業績とともに広く語られていること自体、政治について考えるべき何事かを示している。

なぜこの説話が好んで語られるのだろうか。それは、大義のために小悪――というには大きすぎるが――を選んだという状況のジレンマ的構造にある。一方で、チャーチルが自国および世界を救ったことは事実かもしれない。他方で、その結果彼は救えたはずの人を救うことができなかった。これら二つの選択肢は原理的に両立せず、どちらかを選べばどちらかを犠牲にせざるをえない。このように、政治の世界はせいぜいのところ、複数の悪のあいだでマシなほうを選んで良しとなるような側面も宿命的に背負っている。

こうした問題構造は、政治学者の丸山眞男がかつて言った政治的判断の特徴を思い起こさせる。いわく（「政治的判断」三六九頁）、

政治的な選択というものは必ずしもいちばんよいもの、いわゆるベストの選択ではあり

ません。それはせいぜいベターなものの選択であり、あるいは福沢諭吉のいっている言葉ですが、「悪さ加減の選択」なのです。……悪さ加減というのは、悪さの程度がすこしでも少ないものを選択するということです。

「悪さ加減の選択」は、現在の私たちにとっても無縁ではない。それを劇的に示したのが、二〇二〇年以降、数年間にわたり私たちの生活に大きな影響を与えてきた新型感染症問題だろう。突如世界を覆ったこの問題をめぐっては、人的接触を避けるための移動の制限や営業の自粛、救命装置やワクチンの分配方法などをめぐって、何を選んでも誰かに痛みを与えざるをえない政策の是非が論争の的となった。第1章2節で見るように、政治の世界では利害の対立が不可避であり、何かを優先し、何かを後回しにせざるをえない状況が生まれる。

正義論に残された問い

本書が主題とする政治哲学とは、制度や政策のあり方といった、政治の世界における「べき」(規範)の問題を分析し、体系化する学問分野である。隣接する倫理学や法哲学と同様に、政治学の下位分野としてこうした課題を担っている。従来の政治哲学は、ジョン・ロールズの『正義論』を現代の古典として、政治社会の基底的ルールとなる正義原理の探究を主な課題としてきた。二〇一〇年代以降、マイケル・サンデルの正義論講義が放映されたことで、だいぶ世間のイメージも定着してきたのではないだろうか。

「悪さ加減の選択」と聞いて、サンデルの講義によって人口に膾炙《かいしゃ》した、いわゆるトロリー（トロッコ）問題を思い浮かべた人も少なくないだろう。「縛られた五人に向かって暴走する路面電車を、転轍機《てんてつき》を操作して一人に向けることははたして許されるか」という思考実験のことだ。彼はこうした問題提起を手がかりに、人々がどう生きるべきか、社会がどうあるべきかといった正義や善き生の考察に進む。そういえば、先の感染症問題もトロリー問題に引きつけて論じられることが多く見られた。

しかし、サンデルの正義論にはなお、「悪さ加減の選択」に関するシビアな考察が欠けている。トロリー問題のような状況で正義原理が命じる選択をしたとして、はたして「正義は達せられた」と胸を張って言えるだろうか。むしろ、たとえやむをえない選択だったとしても、そこで何かが損なわれたと感じざるをえないのではないか。トロリー問題は、五人を犠牲にするか、それとも一人を犠牲にするかを不可避的に迫るものだ。そこで問題となっているのは、選択の正しさというよりも、むしろ選択がしばしば抱える割り切れなさである。

そこで、本書は「講義」と銘打っているが、現在主流となっている政治哲学のアプローチとは一線を画している。現実の模範となるような正義に適《かな》う理想社会を探究することは、政治を哲学するひとつの有力な道であるが、唯一の道ではない。正義論のなかには、「悪さ加減の選択」が避けがたく抱える、割り切れなさのような「リマインダー（心残り）」に考察の重心を置く系譜もある。具体的には、バーナード・ウィリアムズ、トマス・ネーゲル、マイケル・ウォルツァーといった哲学者たちだ。

要するに、ここで注目したいのは、政治の世界における「正義」の有り難さということである。いずれも重大な価値のなかで、何を優先し、何を後回しにするかが問われる状況は、正しくあるいは善く生きるどころか、複数の悪のなかでどちらを選ぶべきかを私たちに迫っている。その結末は、そこに巻き込まれる誰にとっても、本来望ましいものよりも避けたいものでしかない。本書では、正しさというポジよりも悪さというネガから政治の世界を照射しなおすことで、政治における「悪さ加減の選択」が含意することを哲学的に再構成してみたい。

その一方で、「難事件は悪法を作る」という格言もある。あたかも悪と悪のあいだの選択が人間の宿痾《しゅくあ》かのように扱ってしまうと、問題を大きく見誤ることになるだろう。第8章3節で振り返るように、一方で悪と悪のあいだの選択を迫られた場合、どのような決断を、どのような根拠で下すかを考えることと、他方でこうした選択それ自体を克服する方途を探ることは矛盾しないし、むしろ両立させるべきだ。本書は前者に重心を置いているが、それは本書なりの問題意識に由来している。

本書には生死の問題が数多く登場する。同じ人間の生死の問題について云々するのはおこがましい、不謹慎だと思われるかもしれない。しかし、数年にわたる感染症問題を潜り抜けた現在、私たちはあらためて、この世界が生命や自由といった重大な価値の選択を迫られ、その重みを抱えざるをえない世界であることを痛切に実感しているのではないだろうか。誇張ではなく、ときに政治は生死の問題である。本書ではこうした問題意識から、汚れた手問題や正戦論といった、従来の正義論のなかで論じ尽くされてこなかった論点にも目を向ける。

もともと丸山は、「悪さ加減の選択」を選挙時の政党・候補者選びの文脈で示していた。それは民主主義社会において、究極的に主権者である私たち一般市民にとっての選択でもあるのだ。悪と悪のあいだの選択を迫られて、私たちの声はおのずと熱を帯び、価値観の分断はいよいよ深まっていく。だからこそ、こうした場面でなおどのような「正義」について語ることができるか、たとえ唯一の正解はないにしても、あらためて原理的に考察することには意味があるだろう。

作品で読み解く

トロリー問題のような哲学者が考案する思考実験に注目することは、物事を安直な二者択一として単純化しているとの異論が向けられやすい。いわく、それは単なる語り手の創作物であって、ほかにも考えられたはずの別の選択肢を隠しただけの擬似問題にすぎない。それゆえ、私たちの思考枠組みがこうした恣意的な限界に囚われるのは問題である。「悪さ加減の選択」に頭を悩ませるよりも、一層望ましい第三の選択肢を見つけようとする想像力のほうが重要だというわけだ。

ただし、もっと考えれば別の選択肢が見つかるはずなので、思考実験は擬似問題にすぎないと言うことは、問題に対処しているようでしていない。実際、チャーチルの説話が示すように、「悪さ加減の選択」に訴えざるをえない大小の局面は存在しうる。本書で取り上げるジレンマ状況にはかなり人工的な設定によるものもあるが、それは現実にもありうる状況の要点を際立たせた素材である。悪と悪のあいだの選択それ自体を克服する方途を探るからといって、仮にこうした選択を迫られた場合、どのような決断を、どのような根拠で下すかを考えなくてもよい理由にはならない。

しかしながら、トロリー問題のような思考実験に含まれる抽象化の方法に、依然として違和感を覚える人もいるかもしれない。いわく、ジレンマ状況について思考を求められる場合、必要なことは現実の複雑さを捨象することよりも、むしろより多くの個別的情報を与えることである。行為主体はどういう人物なのか。どの時代のどの場所で生きているのか。登場人物との関係は何か。こうした現実の詳細を教えられないかぎり、ジレンマ状況に真剣に取り組むことは難しい。心理学者のキャロル・ギリガンが言うように（『もうひとつの声で』二四八頁）、

仮説上の人物たちの骸骨のような生活に実体が与えられてはじめて、その人たちが直面している道徳的問題に映し出される社会的不正義を捉えることができる。また、そうしてはじめて、その道徳的問題の発生が示す個々人の苦しみや、その問題の解決が生み出してしまう苦しみを想像できるようになるのである。

こうした指摘には一理あると思う。抽象的な思考に慣れている人であれば、記号的人名や数字的操作によって現実を抽象化した仮説的な設定から、無理なく直観を引き出したり、複数の選択肢に思い悩んだりすることができるだろう。しかし逆に、数多くの情報を付加され、肉付けされることによってはじめて、行為主体が迫られる選択を追体験し、そこから自分なりの答えを導き出す人もいるだろう。これは人それぞれの思考様式次第である。哲学的な思考実験はそのひとつの方法であるが、すべてではない。

そこで、本書のもうひとつの特色は、トロリー問題のような哲学者が考案する思考実験に

加えて、小説や挿話のような作品を通じて、「悪さ加減の選択」を論じようとする点にある。具体的には、『ビリー・バッド』『アンティゴネー』『荒涼館』といった題材を各章ごとに取り上げる。作品を参照することの効用は、それがジレンマ状況を効果的に描き出す点にある。私たちは作中の登場人物に感情移入し、その状況をリアルに思い浮かべる。それはときに思考実験よりも効果的に、私たちを思考に誘う呼び水となるだろう。

本書の構成を簡単に紹介しておく。第1章は、「悪さ加減の選択」をジレンマ状況の一種として構造的に分析し、なぜそれが政治の世界で生じがちであるのかを説明したうえで、選択の指針として「マシな悪の倫理」という考え方を導入する。第2・3章は、それぞれこの倫理が備える三つの特徴を掘り下げながら、第2章では偏向的観点/不偏的観点の区別、第3章では功利主義と義務論の対比、および続く二章で論点となる義務論的制約という考え方を紹介する。

第4章は、「悪さ加減の選択」をめぐる論争の本丸として、トロリー問題に取り組む。この問題の何が「問題」なのかを詳しく説明するなかで、消極的義務/積極的義務の区別、および「問題」を通じて浮かび上がってくる**優先テーゼ**や**手段原理**を紹介する。第5章は、トロリー問題からさらに先に進んで、義務論的制約をあえて乗り越える汚れた手問題の分析に進む。この問題は、政治における「悪さ加減の選択」のいわば極例である。

第6・7章では、視点を国内社会から国際社会に移し替える。するとそこには、一般義務／特別義務という、さらに別の区別が浮かび上がってくる。この区別と消極的義務／積極的義務の区別が織りなす複雑な規範の様相を偏向テーゼや不偏テーゼによって整理するのが、第6章の役割である。第7章は、戦争という非日常的状況においてこれまでの議論がどのように立ち現れるかを、二重結果説や最高度緊急事態論とともに考える。第8章は、「悪さ加減の選択」を引き受けた行為主体がどのような責任に直面するかという、本書全体を補完する内容である。

以上の本書の内容に関して、あらかじめ二点お伝えしておきたい。第一に、本書は以前の章を踏まえて以降の章が展開されるという、いわば積み上げ式の体裁になっている。すでに政治哲学の議論に通じている方は別だが、できれば順序通りの読書をお勧めしたい。第二に、本書は「講義」と銘打ちながらも、その話題は今なおきわめて論争的であり、本書で示した内容はその一部にすぎない。個別の章や論点に関心をもたれた読者諸氏はぜひ、巻末に挙げた「読書・作品案内」なども参考にしながら、さらに議論を深めていってほしい。

目次

凡　例

- 邦訳を引用する際、訳文・訳語を一部変更した箇所がある。
- 会話文を引用する際、会話の途中部分を省略した箇所がある。
- 〔　〕は筆者による注である。

政治哲学講義

悪さ加減をどう選ぶか

人間が事にあたる場合、それをやりとげるまでのさまざまな困難はさておき、毎度ながら味わわせられることといえば、どんなよいことにも、なにかと都合の悪いことが背中合わせとなっているという事実である。

（マキァヴェッリ『ディスコルシ』六二四頁）

第1章　「悪さ加減の選択」——ビリー・バッドの運命

「悪さ加減の選択」に関する古典として、ハーマン・メルヴィルの遺作『ビリー・バッド』を取り上げる。物語の舞台となるのは一七九七年のイギリス。フランス革命がヨーロッパ中を震撼させていたなか、イギリスはフランス総裁政府と戦争状態にあった。タイトルになっている登場人物ビリーは、捨て子の生まれながら二一歳の屈託のない青年として育ち、強制徴募により軍艦の船員となった。彼は皆から愛される天性の美貌と陽気さを備えており、「蕾《バッド》《つぼみ》」の愛称でも呼ばれていた。

同じ軍艦には、下士官のクラッガートも乗っていた。彼は一見すると知的人物であったが、その心の内には悪に根差す狂躁病を宿していた。しかも彼は治安維持を担う憲兵の役柄上、乗員から好かれるどころか疎まれる存在。艦上のビリーとクラッガートは、色々な意味で対照的な人物であったのだ。クラッガートもまた、ビリーに密かに惹かれ、しかもそのことに自ら反発していた。彼はその得体の知れない妬みと恨みを、ビリーに向けることになる。ビリーはクラッガートによって反乱教唆《きょうさ》という無実の嫌疑をかけられる。この事件を取り仕切ったのが、軍艦の艦長である海軍大佐のヴィアだ。彼は軍法会議を開いて双方の意見を聞こうとした。自分を陥れた相手に対して反論するようヴィアに促されて、ビリーは有効な反論をすることができず、代わりにとっさに手が出てしまった。クラッガートを殴ると、不運なことに打ちどころが悪く、彼は死んでしまう。こうして事の成り行きから、ビリーは上官殺しという、軍隊における大罪を犯してしまったのである。

物語の主軸はヴィアに移る。彼は名門貴族の出身で、知性と決断力を備えた立派な人物である。しかしながら、船員から距離を置く規律主義者でもあり、艦長としての務めを果たすことに大きな責任を感じていた。彼は艦上で臨時の即決裁判を招集する。軍艦の外では、最近立て続けに軍隊内の反乱が生じており、彼は艦長として秩序を一層厳格に守る必要があった。戦時中に上官を殴るような行為に憐れみを見せることは、反乱を促す事態に繋がりかねなかったのだ。

ヴィアは、ビリーの立場に同情しつつも、軍隊の秩序を優先して死刑を宣告した。しかし彼とて、ビリーの行動に情状酌量の余地があることを承知していないわけではない。ここには葛藤がある。彼は船員に対して事の次第を説明する。「これもひとえに、義務を重んじ、法秩序を守ろうとするの一心にすぎない。だが、友人諸君、どうかわたしを誤解しないでもらいたい。この薄倖《はっこう》の青年に対する情において忍びざること、諸君に劣るものではない」（二四三頁）。そこで、ヴィアが置かれた「悪さ加減の選択」を次のようにまとめてみよう。

選択１　軍隊の秩序を守るためにビリーを厳罰に処す
選択２　軍隊の秩序を乱してでもビリーを厳罰に処さない

この物語に描き出されているのは、どちらの選択肢も正しいと感じ、しかもその双方を同時に選ぶことはできないという、一人の人間が誰しもときに直面するジレンマ状況である。加えて、ヴィアが直面する決断は、軍艦というひとつの小さな社会を導く艦長としての決断であり、本書が主題とする「政治」の縮図ともなっている。本章では、『ビリー・バッド』が描き出す葛藤の構図を紐解くなかで、政治において「悪さ加減の選択」が私たちに突きつけるものの意味を論じる。

1　選択のジレンマ性

「悪さ加減の選択」とは何かを考えるうえで、はじめの問いは、なぜ悪と悪のあいだの選択でなければならないのかということだ。例えば、食後にコーヒーか紅茶かを選ぶ場合、私たちはそれをとりたてて困難な選択だとは考えないだろう。どちらを選ぶかは規範ではなく好みの問題だし、あえて両方飲みたければ別料金を支払えばよい。なぜある種の状況は私たちに葛藤をもたらすのか。本節では、政治の場面に限らず、「悪さ加減の選択」が迫られる状況がいつどのように生じるのかを考えてみたい。

ジレンマとは何か

道徳や倫理といった規範は、法律や合理性、効率性などと同様に、行為主体が何かを行為する際に一定の指針を与えるものである。人間は絶えず複数の選択のなかで決断しながら生活を送っているが、もし選択の指針がなければ、個々の選択の吟味に多大な時間と労力を費やすか、あるいはすべてをでたらめに下すしかないだろう。ただし、ここで選択の指針はひとつではなく、ときに矛盾を孕《はら》みながら、私たちに複数の選択肢を示すことがある。こうした状態がいわゆるジレンマである。

ジレンマとは、行為主体が複数の選択肢のあいだで板挟みになっている袋小路の状態を指す。すなわち、二つあるいはそれ以上の要請があり、どちらも行為主体にとって重要であるが、一方の要請に従えばもう一方の要請に従うことができない。「二つの前提」を意味するギリシア語に由来しているが、実際には前提は三つ以上あっても構わない（その場合にはトリレンマ、テトラレンマ、……と呼ぶ）。例えば、ダイエットか飽食か、就職か進学か、独身か結婚か、等々、私たちの人生はジレンマ状況に満ち溢れている。

「べき」（規範）の問題としてジレンマ状況が生じるのは、以下のような条件が重なる場合である。第一に、複数の選択肢を示すような複数の規範的要請があり、行為主体はどちらか片方の選択肢であれば選ぶことができる。第二に、両方の選択肢を同時に選ぶことはできない。それゆえ、行為主体が何をどのように選ぼうとも、規範的要請の一部に背くことになる。ヴィア艦長が直面した選択1（軍隊の秩序を守ること）と選択2（ビリーを救うこと）のあいだの葛藤も、この条件に当てはまる。

ジレンマ状況は行為主体に対して、いずれも重要だが、どちらか一方を選ばなければならない苦渋の決断を迫る。だからといって、選択それ自体を放棄してしまうわけにはいかない。もし放棄してしまえば、「ビュリダンのロバ」の喩《たと》え話が示すように、さらに非合理的な結果（二つの干し草を選べず、餓死する）が待っているだろう。そもそも、何も選ばないことも また、それ自体ひとつの選択である。それゆえ、こうした苦渋の決断にあっても、私たちは 思考停止に陥らないために選択の指針を必要とするのだ。

損失の不可避性

ジレンマ状況の本質は、複数の選択肢のどちらを選んでも正解とは言えない解決不可能性にあるのだと考えられるかもしれない。たとえ、複数の規範的要請を同時に充たすことが不可能だとしても、ある要請が別の要請よりも重要であると確信しているのであれば、結局のところ行為主体にとって果たすべきことは明白であり、真のジレンマが生じているとはいえない。逆に言えば、解決不可能性が生じるのは、複数の選択肢のどちらも合理的に選ぶことができない状況である。この場合、ジレンマは実践的に解決不可能である。

しかし、こうした理解はジレンマ状況の射程を狭く捉えすぎているように思われる。例えばヴィア艦長が、最終的に軍隊の秩序を守るためにビリーを厳罰に処したこと（選択1）は、少なくとも彼なりの正解であったと思われる。その証拠に、仮に同じ状況に再度直面するとしても、彼はやはり同じように考え、同じように選ぶのではないか。だからといって、彼がその決断に際して、何の躊躇《ためら》いも感じなかったというわけでもないだろう。万事を考慮してひとつの正解を導いたとしても、それはなお行為主体に葛藤を残し続けるのだ。

そこで本書では、ジレンマ状況を、損失の不可避性として理解しよう。ジレンマ状況にあるとは、何をなそうとも規範的要請に背かざるをえないということである。いずれの要請も効力を保ち続けるため、ある要請を充たすことで必然的に別の要請に背くことになる。こうした損失の不可避性がジレンマ状況を形作っている。しかし、これはジレンマが解決不可能であることを意味しない。万事を考慮して複数の要請のあいだで優先順位が付けられ、一方が他方を乗り越えるとき、何をすべきかをなお実践的に判断しうる。

哲学者バーナード・ウィリアムズは次のように言う（「諸価値の衝突」一二七頁）。

> 現実のこの種の事例では、一方が他方に優越するとはいえ、たしかにふたつの義務がある。優越する方は、より大きな切迫性を持っているが、優越された方にもまたある程度の切迫性がある。このことは、その義務が優越されたことによって不利益を被る人たちに対して、その埋め合わせに、私がなさねばならないだろうことによって現れる。その埋め合わせは、私が単に説明し謝罪しなければならない、ということかもしれないし、あるいはもっと実質的な償いの行為をしなければならないかもしれない。

ジレンマ状況において、一方の要請は他方の要請を乗り越えるかもしれないが、だからといって他方の要請が無効になるわけではない。その印は、行為主体がその損失に対してリマインダー（心残り）を覚え、少なくとも謝罪や補償の必要を感じることに表れる。それは、行為主体が所与の状況でできるだけのことを果たしたという事実と矛盾するわけではない。むしろそれは、その状況ですべきことは、その状況でできることに尽きるわけではないという規範の多重性を示しているのだ。謝罪や補償については、第8章3節で立ち戻りたい。

損失の不可逆性

ジレンマ状況は謝罪や補償を必要とするような損失を伴う。こうした場面は、やむをえない約束違反のような日常的な場面から、もっと例外的な場面まで、人生や社会で幅広く見られるだろう。にもかかわらず、ヴィア艦長の置かれた立場は、一層根が深いように思われる。作者メルヴィルが記すように、この物語には「悲劇の本質に秘そむ、宿命的な道徳の二律背反」が描かれているのだ（『ビリー・バッド』一二九頁）。ここで言う「悲劇の本質」とは何か。次に、悲劇的選択の内実を探りながら、ある種のジレンマ状況が抱える一層深刻な事態を捉えてみたい。

一般的な意味での悲劇は、事故や災害など、人々に対して降りかかる悲しい出来事を指して用いられる。ここで取り上げたい悲劇は、もう少し厳密に、当人にとって回避や制御が困難であり、そのことにより望ましくない選択が強いられるような状況を指している。悲劇は「羊の歌」という語源が示すように、古代ギリシアにおける芸術様式として生まれ、その後文学やドラマの一主題となり続けてきた。これらの悲劇に描かれるのは、個人の力ではどうにもならない運命に巻き込まれ、能力の限界のなかで苦悩する人間の姿である。

悲劇的選択について、ウィリアムズは次のように言っている（「諸価値の衝突」一二八頁）。

「悲劇的」な種類と呼ばれるような、もっと激烈な種類の事例では、行為者は、自分がすることは何であれ不正になると考えることが正当化される。……この事例においては、行為のさまざまな道筋の中のひとつが、万事を考慮したなら採用した方がよい選択だということが熟慮の結果浮かび上がってくるということはありうるが、その場合でも、各々の道筋が道徳的に要請されるものだということが真であり、また真であり続ける。あるレベルにおいては、これは、行為者が何をなそうとも、最も深いレベルで彼には後悔《リグレット》を感じる理由があるということを意味する。

ここでは、一般的なジレンマ状況に加えてさらなる特徴がある。それは、謝罪や補償のような心残りの感覚を抱くだけではなく、後悔の感覚を抱くことである。相反する複数の規範的要請のうち、いずれに従っても、そのことで本人が事後的に「そうすべきではなかった」という後悔を感じざるをえないとき、その選択は悲劇的である。私たちは万事を考慮して何らかの決断を下すにもかかわらず、同時にその決断について後悔の念に悩まされる。この種の独特な割り切れなさが、悲劇の題材を彩っている。

　なぜ後悔の感覚が残るのか。それは、どれだけ謝罪や補償を尽くしても、埋め尽くせない何かがそこに存在するからである。確かにヴィア艦長は、万事を考慮してビリーを厳罰に処す決断を下した。しかしだからといって、ビリーという唯一無二の存在がほかの人命によって埋め合わされるわけではない。かけがえのない価値が棄損されるとき、行為主体にとって重要な何かが永遠に失われる。こうした損失の不可逆性、すなわち取り返しのつかなさが後悔の感覚を生み、悲劇を形作っているのだ。

　ちなみに、ビリーを処刑したヴィア艦長は、その後フランス軍との戦闘で負傷し、死ぬ間際に「ビリー・バッドよ！」と呟き続けた。興味深いことに、この場面の説明ではわざわざ「この言葉に悔恨の響きがなかった」と念押しされている（『ビリー・バッド』一七六頁）。とはいえ、もし彼が一片の迷いもなく決断を下したのだとすれば、なぜ死に際になって犠牲者の名前が否応なく思い出されたのだろうか。この作品は、後悔という自然の感情を、最期まで理性の力で克服しようとした人物についての物語なのかもしれない。

2　政治のジレンマ性

『ビリー・バッド』におけるヴィア艦長の葛藤は、同時に艦長という立場に備わる特殊な種類のジレンマである。それは、国家をひとつの船として描く、古代ギリシア以来の「国家の船」の伝統を反映している。そこで国民は乗員乗客であり、指導者は船長である。船が進むためには、船長が正しい針路を示し、それに従って乗員乗客が一致団結する必要がある。政治に近い言葉として「政府《ガバメント》」や「統治《ガバナンス》」があるが、これらは「操舵」を意味するギリシア語を語源としている。ここにも国家の船の伝統が反映されていることがわかるだろう。

政治とは何か

ヴィア艦長が体現している「政治」とは何だろうか。現在の身近な社会生活を見直してみよう。私たちが報道などから一般的にイメージする政治とは、首相や大臣を含む政治家が国会や内閣に集まって何かをしている、といったものだろう。確かに、政治家の職業は政治であり、それで生計を立てている。すなわち、パン屋がパンを焼き、靴屋が靴を作るように、私たちが知りたいと思う政治の具体的な姿は、職業政治家が国会や内閣でしている仕事に現れている。さてそれでは、政治家はそこで何をしているのか。

政治の営みを一言で言い表すことは難しいが、ここではさしあたり、それを「集合的意思決定」として定義してみたい。この定義には「集合的」と「意思決定」という二つの要素が含まれている。確かに、人間は刻一刻と、意思決定を行っている——今朝は何時に起きる、何色の服を着る、朝ご飯を何にする、等々。しかしもちろん、これらは政治ではない。政治とは、こうした意思決定を、国や都道府県、市町村など、何らかのまとまりを構成する集団単位で下そうとするときに生じるのだ。法治主義のもとで、こうした意思決定は法律や条例などのルールとなって私たちを拘束する。

とはいえ、集団単位で意思決定を下すことは、言うほど簡単なことではない。なぜならそこには、多様な意見をもった複数の人間が存在しているからだ。例えば、消費税を増税するかどうかが政治の争点になっているとしよう。ある人は財政健全化の観点からそれに賛成し、別の人は国民の生活負担の観点からそれに反対する。意見がバラバラだからといって、増税する／しないの決断を投げ出してしまうわけにはいかない。政治の必要性は、このように本来単一ではないものを、どうにかして単一にまとめ上げるときに生じるわけだ。

逆に考えてみよう——政治がなければ、社会生活はどうなるだろうか。増税に賛成の者は

図1－1　**リンカーン大統領のゲティスバーグ演説**（アメリカ議会図書館）　集合的意思決定の仕組みとして、「人民の人民による人民のための政治」という民主主義の理念を擁護している

消費税を支払い、増税に反対の者は消費税を支払わない。そのような状況のもとでは、早晩社会は両者のあいだで分裂し、集団が集団のかたちを維持し続けることすらままならなくなるだろう。かといって、意思決定それ自体を回避すれば、意思決定を下せない人間がその場から身動きがとれなくなるように、意思決定を下せない集団もその場から身動きがとれなくなる。私たちの社会生活にとって、意思が分裂するのも決定を回避するのもどちらも魅力的な選択ではない。

　私たちは、集合的意思決定のためにどのような仕組みをもっているだろうか。例えば、構成員が投票し、多数決をとるというのがひとつの方法だろう。日本の国会における採決は、最終的にこの「数がものを言う」方式をとっている。ほかにも、権威のある者が決める、知識のある者が決める、等々の方法もあるかもしれない。こうした仕組みの違いは、集合的意思決定という共通の課題から派生している。政治とはそもそも、多様な意見を単一の決定にまとめ上げるという、自然に生じないものを人為的に生じさせる、本質的に厄介な営みなのである。

公共の利益

集合的意思決定は、意思決定の範囲と影響力がより大きい点で、個人的意思決定とは異なっている。公職者がその利益を代表すべき相手は、一国の国民あるいは一自治体の住民のように広範に及ぶことから、その一部だけ納得すればよいものではない。全員の納得を得ることは困難だとしても、できるだけ多くの納得を得られるような意思決定を目指さなければならない。要するに、政治は一部の利益ではなく全体の利益、すなわち公共の利益を実現することを目指すべきである。

プラトンの『国家』やアリストテレスの『政治学』といった、紀元前に遡る政治学の最古典ではすでに、公共の利益が政治についての核心的概念として表れていた。彼らの想定では、そもそも政治という営みは、社会全体に配慮し、その利益を実現することを目的とする。アリストテレスは次のように言う——「およそ公共の利益を重んじる国制は端的な正しさに適《かな》った正しい国制である」（『政治学』一三二頁）。そこで、政治学の原初的問いとは、一体この仕事に相応しい人物あるいは制度はどのようなものかということだった。

当時の古代ギリシアといえば、ポリス（都市国家）を単位とした人類最古の民主主義の政治が花開いていたことで知られている。しかしながら、民衆裁判所における死刑宣告によって師匠ソクラテスを失ったプラトンは、民主主義を疑問視し、「国における一部の特定の事柄のためでなく、全体としての国家自身のために、どのようにすれば……最もよく対処できるかを考慮するような知識」を、もっとも知恵のある者が支配する哲人王に見出した（『国家』二八五頁）。こうして古代ギリシアは、民主主義の発祥地であると同時に、代表的な反民主主義論も生み出した。

それでは公共の利益とは何か。「公共交通機関」や「公共の電波」といった表現が示しているように、「公共」とは私だけではなく私たち皆のものということである。例えば、電車やバスは私たちがともに利用する交通機関であり、自家用車に乗るときのように車中で大音量を鳴らしたり自由に飲食したりすることはできない。あるいは、テレビやラジオは不特定多数に向けられた放送であり、手紙や電子メールのように私信を送るような内容には相応しくない。私たちは社会空間の一部をこうして他人と共有しており、その場に応じた公共的な振る舞いが要求される。

次に、「利益」とは何だろうか。何が利益かは各人で千差万別である。勉強や仕事に打ち込むことが自分の利益だと思う人もいるかもしれないし、自堕落な生活を楽しむことが自分の利益だと思う人もいるかもしれない。ともあれ、先の定義に照らし合わせれば、公共の利益は、それが私だけではなく私たち皆のものであるという意味で、私的利益に留まるものではないと最低限見なすことができる。すなわち、ある利益が公共の利益であるということは、公共空間や公共施設と同様に、個人はその利益に関しても多かれ少なかれ他人と分有しているということだ。

利害の対立

とはいえ、実際に集団が利益を分有することはそれほど簡単な話ではない。なぜなら、複数の個人からなる社会では、個人の数だけ利害があり、それらは潜在的にあるいは公然と対立しうるからだ。私たちが目指そうとする利益は相反する価値観を含まざるをえない。それは個人内にも存在するし、個人間にも存在するだろう。こうして、社会関係はしばしば、全員が一緒に利得を得ることが可能になるプラスサムの関係というよりも、一方の利得が他方の損失となるゼロサム（零和）の関係をとる。

利害の対立は実践的問題としても原理的問題としても生じる。第一に、予算や時間といった資源上の制約により、私たちは社会内のすべての利益を同時に実現することが不可能であるかもしれない。たとえ人々の利害が一致していたとしても、それを一挙に実現することが困難な場合、当座の選択としてある人の利益を優先し、別の人の利益を後回しにする決断が必要になる。例えば、感染症問題下で、限られた救命装置やワクチンをいかに分配するか――重症度に応じて、社会的重要性に応じて、といった――は、こうした問題として現れた。

第二に、原理的制約により、すべての利益を同時に実現することが不可能であるかもしれない。人々が抱く個々の利益がそもそも別々の方向を向いている場合、利害の対立はおのずと先鋭化する。今日の価値多元社会において、人々が人生において何を重視するかは人それぞれであり、一様ではありえない。例えば、感染症問題下で、一方で健康や人命を優先して、社会的接触を避けるための行動制限を課すことは、他方で個人の移動の自由や営業の自由、表現・集会・信教の自由といった別の価値を不可避的に損なうものであった。

ヴィア艦長が招集した即決裁判においても、こうした利害の対立が顕在化している。指導者の役割は集団全体に代わって、集団全体にとっての意思決定を導くことである。しかしながら、人々のあいだで利害が相反するなか、複数の選択肢のどれを選んでも社会内の一部の人々の利益を損なうことがありうる。ヴィアは、軍艦というひとつの小さな社会を導くなかで、軍隊の秩序を守ることを優先した。そのための代償が、ビリーを死刑という究極の厳罰に処すことであった。

3　マシな悪の倫理

ヴィア艦長の置かれた状況は、軍艦という隔絶した世界のもとでの究極的選択であるが、それと同時に、政治的立場に置かれた者の普遍的な課題をも体現している。対立する利害のすべてを同時に充たすことができない二律背反的状況は、私的関係や経済関係においても生じるが、無数のステークホルダーが織りなす政治関係においてはとりわけ頻繁に生じざるをえない。政治的判断とは、その場合に何らかの損失を覚悟しながらあえて決断することなのだ。政治の世界は、こうして最善の選択肢が見つからない「悪さ加減の選択」となる。

マシな悪とは何か

それでは、悪さ加減を選ぶに際して、何を指針に何を選べばよいか。いずれにしても悪から逃れられないのであれば、そのなかで私たちができる最善の選択は、より少ない悪を選ぶことである。これは「マシな悪《レッサーイーヴル》」の倫理である。この規範の直観的説得力は明らかだろう。複数の悪のうち、大きいほうをあえて選ぶ理由があるだろうか。善は多いほう、大きいほうがより善く、悪は少ないほう、小さいほうがより悪くないというのは、善や悪という言葉がもつ平凡な定義的真理である。

マシな悪の倫理は、政治哲学の伝統のなかでもしばしば言及されてきた。例えば、アリストテレスいわく、「われわれはもろもろの悪のうちの最もはなはだしくないものを採らなくてはならない」（『ニコマコス倫理学』八〇頁）。あるいは、キケロいわく、「第一に考えるべきは「諸悪の中から最小の悪を」である」（「義務について」三三九頁）。最後に、ニッコロ・マキァヴェリいわく、「慎重な心構えとは、数々の不都合の特質をよく見分けて、最悪でないものを良策として選び取ることにある」（『君主論』一六八頁）。

「マシ《レッサー》」という言葉は比較概念である。何が何に対してマシなのだろうか。ひとつの理解は、複数の選択を比較することである。本章冒頭の選択肢に照らし合わせてみよう。選択1は「ビリーが犠牲になる」という価値の損失を伴うが（悪い結果1）、選択2は「軍隊の秩序が乱れる」という価値の損失を伴う（悪い結果2）。すると、マシな悪とは、複数の選択1・2がそれぞれもたらす悪い結果1・2の大小を比較するものとして表現できる。

しかしこれは、ある選択が同時にもたらす複数の結果の比較としても理解できる。ヴィア艦長が最終的に選んだ選択1に注目してみよう。この選択は、「軍隊の秩序が守られる」という価値を実現するが（善い結果）、それと引き換えに「ビリーが犠牲になる」という価値

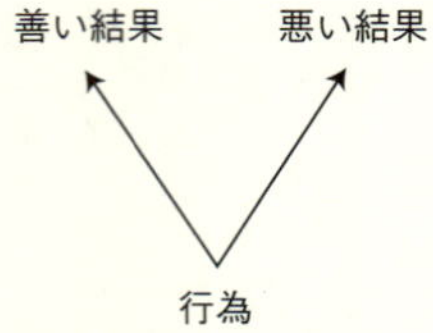

図1－2　三項モデル

の損失も伴う（悪い結果）。すると、マシな悪とは、選択1が同時にもたらす善い結果と悪い結果の大小を比較するものとしても表現できる。これら二つの表現は置換可能である。

ここでは第二の理解に沿って、マシな悪の倫理を図1－2のように三項モデルとして構造化しよう。このモデルは、行為と、それが実現する善い結果、および付随して生じる悪い結果によって構成される。三項のうち、下部は行為の次元を表し、上部は結果の次元を表している。その行為は、何らかの義務違反を伴う点で、それ自体で悪い。しかしそれは、悪い結果よりも大きな善い結果を同時に実現する点で、マシな悪だと判断される。

このモデルに照らし合わせると、ヴィアが下した決断の内実は次のようなものだったと分析できる。ヴィアは軍艦を率いる立場として、図らずも重大な軍紀違反を犯してしまったビリーの処遇を決める必要がある。ヴィアは逡巡を感じつつも、ビリーを厳罰に処すことを選んだ（行為）。その結果、船員一人が犠牲になったが（悪い結果）、軍艦全体の秩序は守られた（善い結果）。ヴィアは自分の決断がもたらすであろう二つの結果の大小を比較して、それをマシな悪であると判断したのだ。

三つの特徴

マシな悪の倫理の特徴を三点挙げよう。第一に、それが善悪を、特定の利害に偏らない不偏的観点から評価していることである。確かにヴィア艦長は、濡れ衣を着せられたビリーに深く同情しているが、上官殺しが起きてしまうと、こうした表情を一変させる。いわく、「わたしの心とても動かされていることに変わりはない。さればといって、温かい心のゆえに、冷厳であるべき理性を曇らせてはならない」（『ビリー・バッド』一四〇頁）。このように、マシな悪の倫理は行為主体に対して、物事を大局的に捉えるために、個別の事情からあえて距離をとることを求める。

第二に、それが善悪を、結果の次元における数の問題として評価していることである。何をどのように選んでも損失を免れない以上、より少ない損失を選ぶべきだ。マシな悪の倫理は、ある行為がもたらす結果の次元を考慮に入れており、その行為がより多くの善を生み出すか、より少ない悪を生み出す場合、その行為は正当である。ヴィアは、軍艦全体の秩序が守られるという結果と船員一人が犠牲になるという結果の大小を比較し、それをマシな悪だと判断した。

第三に、それが善悪を、行為の次元における行為の性質としても評価していることである。そもそも「悪《イーヴル》」は、地震や津波のような事態ではなく、人格や行為、判断に対して付される属性である。たとえ結果の次元で最善の結果をもたらすとしても、それが「べき」（規範）をめぐる判断のすべてではない。だからこそヴィアは、それが「冷厳であるべき理性」が命じることと理解しつつも、情状酌量の余地のあるビリーをあえて厳罰に処すという自らの決断に逡巡を感じているのだ。

まとめると、マシな悪の倫理は、不偏的観点から、結果の次元における数の問題および行為の次元における行為の性質の双方に目を向けつつ、万事を考慮して何がマシかを判断することになる。ただし、一層話が込み入ってくるのだが、実はこの倫理が政治的判断のすべてである、というわけでもない。ある場面で、私たちの政治的判断は、その第一の特徴とは異なり、特定の利害に偏った偏向的観点から下されることもあるのだ。

例えば、軍艦が海上で距離の離れた二グループの海難者を同時に発見したとしよう。一方は一人の自国民で、他方は二人の他国民だ。救命艇は一隻しかない。人数の大小にかかわらず、ヴィアが前者を率先して救助せよと命じることはそれほどおかしなことだろうか。このように、私たちはいつ何時もマシな悪を実現するように義務づけられているわけではない。政治的判断が「悪さ加減の選択」だとしても、その「悪さ」には客観的評価のみならず、行為主体に応じてその中身が異なってくる評価（主体相関的評価）も含まれうる。

行為と結果の組み合わせ

そこで、本書の見通しとして、行為と結果を微妙に入れ替えた複数の選択事例を挙げてみよう。（以下のリストは、第3章以降で取り上げるテーマを要約している）

選択A　五人を救うために四人を見捨てる
選択B　五人を救うために四人を加害する
選択C　五人を救うために一人を加害する
選択D　五人を救うために一人を拷問する
選択E　一〇〇人を救うために一人を拷問する
選択F　自国民を救うために他国民を見捨てる
選択G　自国民を救うために他国民を加害する

出発点となるのは選択Cである——これは、「縛られた五人に向かって暴走する路面電車を、転轍機《てんてつき》を操作して一人に向けることははたして許されるか」というトロリー問題の変形である。この思考実験で転轍機を操作することに賛成する人であれば、Cにも賛成できるだろう。さらに選択Aを見てみよう。例えば、救命を待っている五人と四人がいて、一方のグループしか救う余裕がない場合である。Cに賛成する人は、数の問題として相対的に数の多いグループを優先するAにも賛成できるだろう。この点については第3章で詳しく取り上げる。

次に、選択BはAとCの中間である。数の問題がすべてであれば、Aと同様にBにも賛成できるだろう。しかし、Aには賛成してもBには賛成しない人が多いのではないだろうか。結果の次元では同様であるにもかかわらず、行為の次元で「見捨てる」ことと「加害する」ことのあいだには明らかな違いがある。とはいえ、Cのように数の問題に一層の重みが増すならば、BとCのあいだで再度賛否が振れるかもしれない――これが、標準的なトロリーの思考実験で、五対四ではなく五対一という数字が用いられる理由である。この点については第4章で詳しく取り上げる。

さらに、選択Dは行為の次元でCよりも明らかに悪い。大半の人にとって、誰かが誰かを拷問することなど想像するだにおぞましいだろう。ここでの選択肢の「悪」性は、数の問題というよりも、行為の性質によって左右される。しかし、この判断も絶対的ではない。選択Eは同じ行為であるにもかかわらず、数の問題としてDよりもはるかに多くの人々を救う。

すると、結果の次元の考慮が行為の次元の考慮を上回り、Dに反対した人の一部はEに賛成するかもしれない。この点については第5章で詳しく取り上げる。

最後に、選択Fはどうだろうか。例えば、貧困や災害、疾病に直面して、「自国民」と「他国民」のどちらを優先して救うかと問われれば、前者を優先するという判断になってもおかしくない。国際社会に身を置いたとき、政治的判断には国籍や国境のような特別な関係に応じて優先順位が決まる余地が生じる。これはマシな悪の倫理とは別の偏向的観点に基づいている。その一方で、選択Gのように自国民を救うために他国民を「加害する」ことは、先の理由からFと比べてはるかに問題含みである。この点については第6・7章で詳しく取り上げる。

4 まとめ——政治の悲劇性

私たちはビリー・バッドの運命を通じて、ときに悲劇性を含むジレンマ状況が多分に政治的な性質を孕んでいることに思い至る。集合的意思決定を中核とする政治の世界では対立が不可避であり、その決定は多くの場合ジレンマ状況のもとで下される。何に重きを置くかは人それぞれであり、集団単位で物事を決めようとする際、ジレンマ状況は私たちに困難な選択を迫る。集合的意思決定は相反する選択肢のうち、いずれを選んでも誰かにそのしわ寄せを向けることになり、そのことで相応の批判に晒《さら》される。

同時に私たちは、こうした状況がしばしば、ヴィア艦長のような指導者的立場にある人々にとっての問題となることも理解できる。それが正当であったかどうか、また彼がそれを後悔したかどうかはともかく、彼が下した決断の場面は、軍艦というひとつの小さな社会を導くことの悲劇的な重大性を示している。『ビリー・バッド』の作者が無名作家の言葉として記しているように、「特等室でちんまりとカードにうち興じている人種には、船橋《ブリッジ》に立って、眠りもやらぬ人の責任なんか分りっこない」というわけだ（一四五頁）。

もともと、悲劇と政治のあいだの結びつきは密接なものだ。古代ギリシアにおける悲劇の舞台は公共空間としての劇場であり、そこで人々は一種の祝祭的儀式として悲劇を上演し、また鑑賞した。ギリシア悲劇の主題には、アイスキュロスのオレステイア三部作、ソポクレスのテーバイ三部作など、一国の公職者や国政を中心に物語が展開する作品が目立っている。政治を主題とするテーマ設定は、時代を下ったのちウィリアム・シェイクスピアの四大悲劇にも受け継がれている。次章では、ギリシア悲劇の代表作品を皮切りに話を進めよう。

第2章　国家と個人——アンティゴネーとクレオーンの対立

ジレンマ状況は、現代まで連綿と読み継がれてきた古典古代のギリシア悲劇のなかに描き出されている。予期せぬ事件や必然的な運命に巻き込まれ、対立や抗争、矛盾のなかで生きる人間像は、古来多くの聴衆を捉えてきた古典的な劇形式であるらしい。三大悲劇詩人として知られ、そのなかでも筆頭と目されるソポクレスの『アンティゴネー』（前四四二年頃）は、政治における「悪さ加減の選択」を考えるうえで、とりわけ示唆的な作品である。

この作品は、時系列的にはテーバイ三部作の『オイディプス』『コロノスのオイディプス』に続く時代を描いている。オイディプスは実の父であるテーバイ王ラーイオスをそうとは知らずに殺害し、実の母イオカステーと結婚する。オイディプスはのちに自らの罪に気づき、自ら視力を奪って国を去る。流浪の旅のあいだオイディプスを支えたのが、イオカステーとのあいだに生まれた娘アンティゴネーである。なお、イオカステーにはクレオーンという弟がいた。つまり、アンティゴネーはクレオーンにとって姪に当たる。
父オイディプスが去ったあと、二人の息子は一年交代で統治をする約束を交わすが、弟が王位の独占をはかり、兄を追放した。追放された兄は、王位を取り戻すためにアルゴス王と手を組み、軍隊を率いて祖国に攻め入った。これがいわゆるテーバイ攻めで、二人の息子は王位をかけて一対一の勝負を行い、相打ちの死を遂げた。その後、最終的にテーバイはアルゴスを退け、二人の叔父であるクレオーンが代わって王位に就き、国を再建することになった。

クレオーンは、オイディプスの二人の息子のうち、弟を国の英雄として手厚く葬る一方で、国家反逆を企てた罪で兄を罰し、死者としての弔いを禁じたうえで、この禁令を犯した者は石打ちの刑に処すと宣告する。にもかかわらず、アンティゴネーは二度にわたって、兄の亡骸に埋葬の代わりを施した。この行為はクレオーンを激怒させ、彼女は地下に幽閉される。しかもそのクレオーンにとって、彼女は息子ハイモーンの婚約者でもあったのだ。図2-1に示すように、人間関係は入り組んでいる。

クレオーンは、第1章2節で触れた「国家の船」の伝統に倣《なら》いつつ、次のように言って憚らない（『アンティゴネー』三三頁〜）。

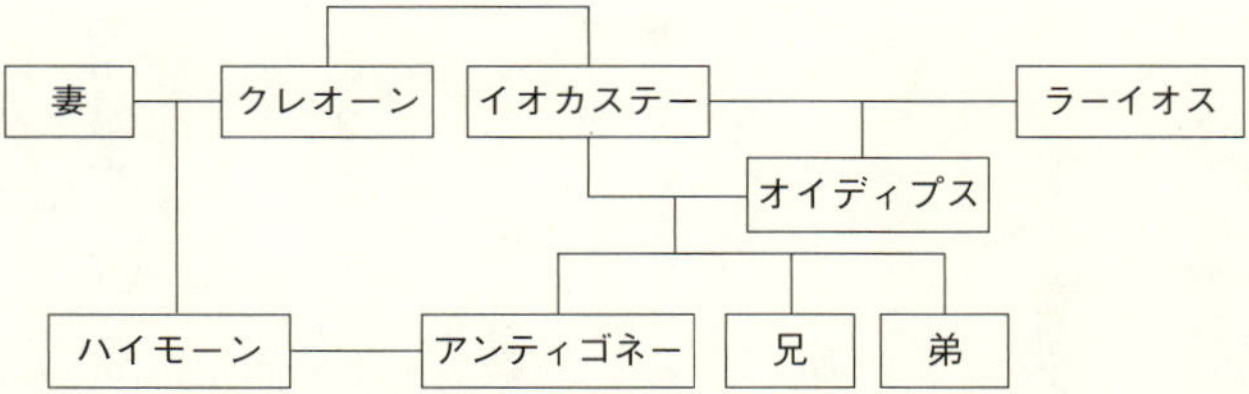

図2－1　アンティゴネーをめぐる家系図

親しい者を己れの祖国よりも大事と
心得るような輩も、無に等しい奴だ。
わしはな――常住全てを見そなわすゼウスも照覧あれ――
安寧ならぬ破滅が国民に迫るのを
目にしては、口を噤《つぐ》んではいるまいし、
この国に仇《あだ》する者は、断じて
自分の友とは見なさぬ。祖国こそわしらを守る
船であり、傾かぬ船に乗っていてこそ、
友ができる理を弁《わきま》えているからだ。

ある研究書によれば、この作品には人間が直面するおもだった葛藤のすべてが表現されているという――すなわち、「男性と女性」「老人と若者」「国家と個人」「生者と死者」「人間と神々」のあいだの対立である（スタイナー『アンティゴネーの変貌』三章五節）。このうち、本章ではクレオーンの観点から「国家と個人」の対立に焦点を当ててみたい。祖国への忠誠を一心に唱えるクレオーンもまた、私人としては近親者に対して何らかの忠誠を負っているはずである。以下に示すような複数の忠誠の一部を優先し、一部を後回しにすることから、悲劇の火種が生まれていく。

選択1　一国全体を考えて近親者に厳正に対処する
選択2　一国全体を顧みず近親者に特別に配慮する

本章では、公職者としての責務および近親者への義務の葛藤に置かれたクレオーンを通じて、政治の世界では偏向的観点／不偏的観点という複数の観点のあいだに鋭い衝突が生じうることを確認する――ただし実際のところ、実の甥と姪であるアンティゴネーの兄および彼女の処断について、クレオーンが劇中であまり躊躇《ためら》っている様子はないのだが。しかし、彼が下した「悪さ加減の選択」の結末では、彼自身に対しても降りかかる別の悲劇が待ち受けていた。それについては本章4節で言及しよう。

1　偏向的観点と不偏的観点

なぜクレオーンはアンティゴネーの兄の埋葬を禁じたのだろうか。実の甥であるからといって、この反逆者に寛大な処分を与えれば、身内贔屓《びいき》として国内の批判に晒《さら》されるかもしれない。禁令を破ったアンティゴネーの処分についても同様である。彼はそうすることで、オイディプス家から継承したばかりの王位に相応しい態度を示そうとしたのだ。「親しい者を己れの祖国よりも大事と心得るような輩も、無に等しい奴だ」と断じる彼には、こうした私情に流されまいという固い決意が見てとれる。

現代の私たちにとっても、公職者が自分の身内を優先することはご法度である。例えば、官僚が自分の子どもを裏口入学させたり、政治家のファミリー企業が公共事業で潤ったりしたことが判明すれば、すぐさま政治的スキャンダルに発展するだろう。ある行為主体が政治的であるためには、私的配慮から無理にでも身を引く必要がある。以下では、クレオーンが言う「親しい者」と「己れの祖国」のどちらを大事にするかという異なった視点の置き方を、偏向的観点／不偏的観点として整理してみよう。

偏向的観点

偏向的《パーシャル》であるとは、自分自身も含めた人々の一部を、何らかの性質や特徴に従って差別的に扱うということだ。偏向性は私たちの生活の一部である。身近な人に良いことがあれば喜びを感じ、悪いことがあれば悲しみを感じる。私たちが世界を見る目は本性的に偏っており、近いものは大きく、遠いものは小さく映る。それゆえ、私たちの配慮は同心円状に、自分に近いものから遠いものへと不均等に配分されることになる。この観点をとるとき、行為主体は人々の一部を、ほかの人々にはしない仕方でいわば特権視するのである。

一八世紀のイギリスの哲学者ディヴィッド・ヒュームは次のように言っている(『人間本性論』四三頁)。

そこで見てとれるのは、われわれの精神の本来の成り立ちでは、最大の関心は自分自身に限られ、次いで強い関心が縁者や知人にも広げられることである。そして、見知らぬ人や、関係のない人にまで及ぶのは、最低の程度の関心だけだということである。

自分自身が一番可愛いというのは、ある意味で当然の事実だろう。しかし同時に、完全に自分のことしか考えない利己主義者はそれほど多くない。普通私たちは他人に対して多少なりとも配慮を向けるはずである。それは自分の近親者から始まって、グラデーションを描きながら一定の範囲にまで広がっていく。ともかく、私たちの配慮はいつでも自分に近いところから始まる。だからこそ、「われわれは通常、……家族を顧みず、利益の対立する場合にはいつでも見知らぬ人やたまたま知り合った人の方をひいきするような人物を非難する」のだ（同）。

偏向的観点は進化論的に得られてきたのかもしれない。第一に、他人よりも自分を優先する本能をもった存在は、個体として生き延びやすいだろう。第二に、他人の子孫よりも自分の子孫を優先する本能をもった存在は、群体として生き延びやすいだろう。長い自然淘汰の結果、私たちの配慮にはこうした観点が備わっているのかもしれない。その生物学的な起源はともかく、近親者を優先する自然傾向にはそれなりの合理的説明もできそうだ。

重要なことは、ヒュームが偏向的観点の存在を指摘したとき、それを無条件で肯定したわけではないということである。これはあくまでも自然傾向であって、それ自体がつねに適切であるというわけではない。むしろ、「各人に特有の観点から見えるかたちで考察するだけなら、われわれが理に適《かな》った条件でともに会話するのはおよそ不可能であろう」。それゆえ私たちは、「何らかの不変で一般的な観点を定め」る必要がある（一四三頁）。そこで次に、偏向的観点とは別の観点がどのようなものであるかを見てみよう。

不偏的観点

不偏的《インパーシャル》であるとは、固有の視点を離れて共通の視点に立つということだ。この不偏的観点は、自分自身も含めた人々を分け隔てなく、等しく重要なものとして扱う。それは字義通り「偏らない」こと、すなわち、特別な事情や理由がないかぎり、ある集団に属する人々を差別的に扱わないことを求めている。こうした視点の移動は、ヒュームの一回り年下で、生涯の友人であった経済学者アダム・スミスが提案した「不偏的観察者」のイメージによって示すことができる。

スミスは先達ヒュームと同様に、道徳性の基礎に同感を据える。「同感《シンパシー》」とは他人の経験を経験すること、すなわち、想像力によって自分を他人の境遇に置くことである。惻隠の情という言葉があるように、私たちは他人が悲しんでいるところを目の当たりにして、同じ悲しみを感じることがあるだろう。同感は、眼前の状況を見て即座に生じることもあれば、想像力の行使を通じて得られることもある。ある行為を是認できるかどうかは、観察する主体が観察される対象に同感できるかどうかにかかっている。

しかし、観察される対象が自分自身を含んでいたらどうだろうか。例えば、自分の利益と他人の利益が対立するとき、生来の偏向的観点によって、私たちはどうしても前者のほうを過大に、逆に後者のほうを過小に見積もってしまう。こうした判断の歪みを調整するためには、観察する主体の視点を、自分自身も含めた観察される対象からあえて引き離す必要がある。それが、利害関係者の誰にとっても特別な関係をもたない不偏的観察者である。スミスによれば（『道徳感情論』三一一頁）、われわれが、それらの対立する諸利害の、なにか正当な比較をなしうるには、われわれは立場をかえなければならない。われわれはそれらを、われわれ自身の場所からではなく、といってかれの場所からでもなく、われわれ自身の目をもってではなく、といってかれの目をもってでもなく、第三者の場所と目をもって、見なければならないのであり、その第三者というのは、いずれにも特別のつながりをもたず、われわれのあいだで不偏性をもって判断するものなのである。

ここで私たちは、第一に不偏的観察者の立場に身を置き、第二にその立場から自分自身も含めた利害関係者の立場に身を置くという二重の想像力を行使している。こうしてはじめて、観察者は自分と他人のどちらに対しても特別な関係をもたない第三者的立場に立ちうる。スミスはこうした不偏的観察者を、しばしば裁判官に準《なぞら》えている。「われわれはまもなく、われわれ自身と、われわれがいっしょに生活する人びととのあいだの裁判官を、われわれ自身の心のなかに設けることを学ぶのである」(三〇七頁)。

不偏的観察者としての裁判官というイメージは、司法と裁判の象徴である正義の女神の造形のなかに体現されている。正義の女神は、片手に法律を裁定する天秤を携え、もう片手に

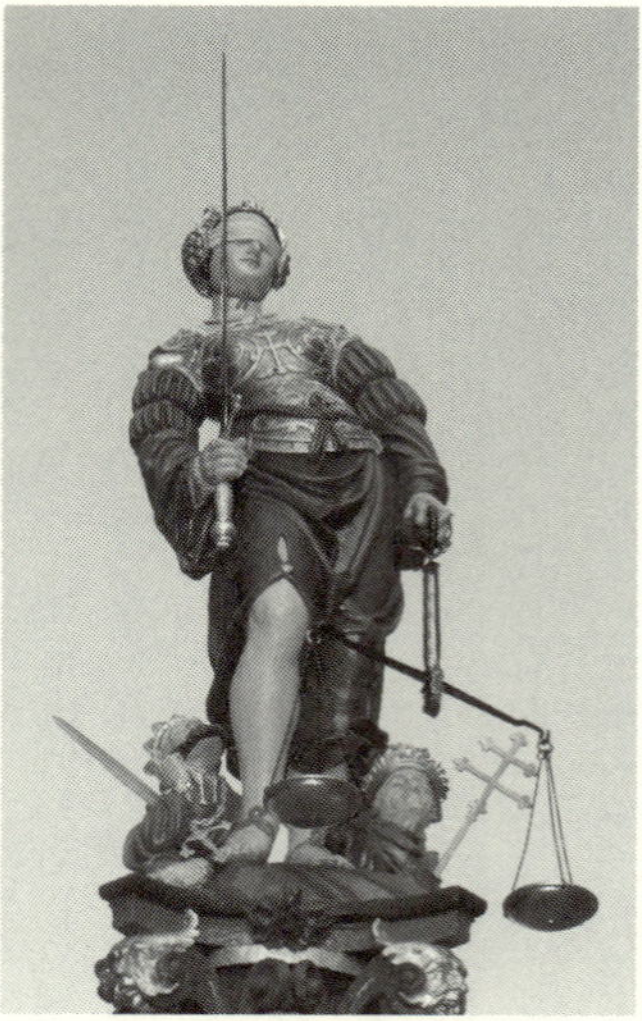

図2－2　スイスのベルンにある正義の女神像

法律を執行する剣を携えるとともに、時代の変遷もあるものの、しばしば目隠しをして描かれる。彼女は、紛争当事者のいずれに対しても肩入れすることのない第三者的立場に立つために、自分の視界をあえて遮《さえぎ》っているわけだ。彼女の法の裁きは、もっぱら手元の天秤の釣り合いに応じて決まることになる。

こうして見ると、なぜクレオーンがアンティゴネーの兄の埋葬を禁じたのか、その理由が見えてくる。彼にとっては祖国への忠誠が第一であり、すべての正否はその忠誠に照らして判断される。「この国に忠誠を尽くす者は、死者であろうが生者であろうが、等しくわしから尊ばれよう」(『アンティゴネー』三四頁)。逆に、祖国に忠誠を尽くさない者は、それが近親者であろうがなかろうが、等しく重罪に処せられる。クレオーンは二人の甥に対して対照的な処分を与えることで、彼なりの規則に従ったのだ。

2　不偏的観点と政治

前節で見たように、不偏性とは、対立する利害のあいだで第三者的立場に立つことであり、目隠しをした正義の女神の造形に体現されている。これは、不偏性の意味について重要なことを物語っている。要点は、正義の女神は法の女神でもあるということだ。実際、古代ローマの正義の女神ユスティティアに由来する英語の「正義《ジャスティス》」は、同時に司法や裁判といった法的意味にも用いられる。フランスの哲学者アレクサンドル・コジェーヴが言うように、「法があるためには、……「公平無私の」第三者がいなければならない。法の特殊性はまさしくこの第三者の現前にあるとさえ言える」(『法の現象学』二一七頁)。

法の下の平等

目隠しをした正義の女神は、もっぱら手元の天秤の釣り合いに応じて法律を裁定する。この均衡のイメージが示すように、不偏的観点をとることが意味しているのは、法の下の平等という古典的観念である。必要なことは、法律のような共通規則を、誰に対してかに左右されず一律に適用することだ。結果的に、共通規則に照らして、「等しきは等しく」、逆に「等しくないものは等しくなく」扱われる。クレオーンが国法という不偏的観点から二人の甥に対して対照的な処分を与えたことは、平等性と矛盾するわけではない。

ギリシア語で法を意味する「ノモス」は、もともと「分配する」という動詞から派生している。法の下の平等は、各人に必ずしも同じものを分配するのではなく、各人に相応しいものを分配する。これが、古典的にアリストテレスによって定式化された分配的正義である（『ニコマコス倫理学』五巻三章）。例えば、二人の当事者 **a, b** に対して、共通規則 **R(x)** に従って、それぞれの処遇 **R(a), R(b)** を割り当てる。すると、ここに備わっている平等性とは、次のような比例関係で示される。

$$a : b = R(a) : R(b)$$

クレオーンの判断については、彼の禁令が彼の恣意的判断ではなく、共通規則に則《のっと》っていたかどうかが重要である。国家反逆者には埋葬を禁じることが共通規則であるならば、二人の甥に与えた対照的な処分も、それぞれの対象に対して同一の規則を適用した結果であると見なせる。ちなみに、当時のギリシアでは、重大な法律違反に対して、罰則として埋葬を禁じるという考え方が実際に存在していたようだ（プラトン『法律』二一四、三一七頁）。クレオーンの禁令は、当時の価値観に照らし合わせれば必ずしも厳しすぎるわけではない。クレオーンが法の体現者として振る舞っているという理解は、この作品の筋書きとも合致している。というのも、禁令に反して兄を弔ったアンティゴネーの言い分は、クレオーンが恣意的に権力を行使しているということではなく、クレオーンが依拠する人定法が神々の法に背いているということだったからである。たとえクレオーンの禁令が国法としての権威を備えているとしても、それは死者の神聖性という永遠の法に優るものではない。これは法のあり方をめぐる二つの捉え方のあいだの対立である。

以上の不偏的観点の意味をもう少し具体化するため、国内社会および国際社会において求められる政治的不偏性の事例を参照してみよう。

具体例①——政治腐敗

はじめに国内社会における腐敗の問題である。腐敗（汚職）とは、公職者が私的利益のために権力を用いることである。腐敗は一般に公共の利益を損なう行為として定義されているが（松元『公共の利益とは何か』五章二節）、近年の腐敗研究では、政治や政策が不偏的であるかどうかを目安にして腐敗を定義することが試みられている（Rothstein, *The Quality of Government*）。大小合わせれば今も昔も枚挙にいとまがないが、一般的に腐敗行為とされる事例として、典型的には次のようなものがある。

・警察官が金銭的な見返りと引き換えに、違法な賭博行為を行っている営業者に捜査情報を漏洩する。

・官僚が自分の子どもを裏口入学させる代わりに、入学した大学に補助金を付けるよう便宜をはかる。

・政治家のファミリー企業が取得した土地で直後に国の公共事業が始まり、地価が数十倍に急騰する。

これらの事例に共通する特徴は、一律に課すべき共通規則が、利権供与や縁故主義など、規則とは無関係の要素に応じて恣意的に運用されている点である。例えば、同じ違法行為を行っている営業者の一方が裁かれ、他方が裁かれない。同じ学力で合格基準点に至らなかった受験者の一方が合格し、他方が合格しない。同じ場所で同じ事業を営む企業の一方が収益を得、他方が収益を得ない。いずれも、「等しきは等しく」をもたらすはずの共通規則が歪められており、不偏性に反している。

実際私たちは、公共の利益を損なうような一般的な政策の失敗よりも、むしろこうした個別的な腐敗行為に対してより敏感に反感をもつようである。日本の政治倫理綱領では、「政治不信を招く公私混淆を断ち、清廉を持し、かりそめにも国民の非難を受けないよう政治腐敗の根絶と政治倫理の向上に努めなければならない」と強調される。腐敗防止国連条約でも、腐敗が「法の支配」や「法の下の平等」を脅かすと指摘される（前文、五条）。腐敗と不偏性の密接な関連は、公職者に求められる不偏性の規範を逆向きに例証している。

具体例②――国連活動

次に、国際社会における不偏性の要請を見てみよう。国際社会において伝統的に重視されてきたのは、不偏性よりも中立性である。中立とは、紛争当事者のあいだでどちらに対しても肩入れしない態度をとることを指している。例えば、紛争当事者のどちらかに対して、軍事支援や資金援助を行ってはならない。中立は同盟と並び、国際社会において自国の安全を保障するための一方策であった。国際連合のような国際機関が設立される以前では、各国が個別の紛争事例に対して中立権を保持していた。

それに対して、戦後の国連体制は中立権という伝統的発想を転換した。国連は紛争事態に対して、集団安全保障といった集団行動を予定している。すなわち、（現実にはともかく）理念的には安全保障理事会の決議のもと、国際社会が一丸となって紛争当事者に対して制裁などを実施するということだ。ほかの中立国は加盟しているので一概には言えないが、永世中立国のスイスが二〇〇二年まで長らく国連未加盟であったように、国連集団安全保障体制は、それ以前の中立権の発想とは相容れがたい側面をもっている。

国際社会における中立性と不偏性の違いを示すさらなる事例として、国連平和維持活動（PKO）がある。日本が掲げるPKO参加五原則に、「特定の紛争当事者に偏ることなく、中立的立場を厳守すること」とあるように（外務省HP）、そこでは伝統的に紛争当事者間の中立性が重視されてきた。ただし、とりわけ今世紀以降、活動の複雑化を受けて不偏性のほうが強調されるようになっている。例えば、国連平和維持活動局が二〇〇八年に策定した「国連平和維持活動　原則と指針」（通称キャップストーン・ドクトリン）は以下のように言う（二一頁）。

> 国連PKOは、いかなる当事者も優遇することも、差別することもなく、そのマンデートを実施しなければならない。主たる当事者の同意と協力を維持するためには、不偏性が欠かせないが、これを中立性または不作為と混同すべきでない。……よき審判が単に不偏的なだけではなく、反則を罰するのと同じように、PKOも和平プロセスへの取り組み、または、国連PKOが堅持する国際的な規範と原則に反する当事者の行為を見逃

してはならない。

次のように捉えてみよう。中立性が紛争当事者同士のあいだで等距離を保つのに対して、不偏性は紛争事態の平面それ自体と次元を異にする第三者的立場に立つ。確かに、国連ＰＫＯは紛争当事者のもとに割って入る。しかし、どちらの言い分も等しく認めるから、どちらの立場にも肩入れしないというわけではない。国連ＰＫＯは国際法のような共通規則に軸足を置いている。この規則を適用したとき、一方の当事者だけが違法行為を行っていたとすれば、国連ＰＫＯは一方だけを取り締まるように行動するだろう。

３　不偏的観点と個人

ここまでの話をまとめると、私たちが世界を認識する観点は、偏向的なものと不偏的なものの二種類ある。一方で、私たちの視野が、近いものは大きく、遠いものは小さく見える遠近法に従うように、私たちの規範的視野も、近いものに強い配慮を向け、遠いものに弱い配慮を向けるようにできている。他方で、こうした視野の歪みを正すために、私たちは心中に公平無私な不偏的観察者を想像し、その視点から自分や世界を見回すこともできる。

とはいえ、これは生来の偏りのある視点から離れるための意識的な努力を必要とする。実際、仮に私たちが自分自身の振る舞いを、そうと意識することすらなくつねに不偏的観察者の視点から評価するようになるならば、その人の私生活はもはやなくなったも同然だろう──はたしてその場合の「私」は、一体どこに残されているのか。本節以下では、ときにこうした努力を求められる個人にとって、不偏性の要請が何を意味するのかを探ってみたい。

インテグリティと政治

不偏性を推奨することとは、バーナード・ウィリアムズのインテグリティをめぐる異論を呼び込む。「インテグリティ（人格的一体性）」とは、自分の信念に対して正直であることである。そこでは、信念と行動のあいだの統合的な一貫性が保たれる。この場合の一貫性には、いつ何時も信念が変わらないという内容上の一貫性、いつ何時も信念を曲げないという態度上の一貫性という両側面がある。インテグリティを保つ人は、周囲から加えられる圧力によって、自分の信念について妥協することを拒絶する。

ウィリアムズによれば、道徳性は不偏的観点を迫ることによって、個人のインテグリティに対する圧力になりうる。不偏的観点から思考し、行動する者は、自分の信念を余計か、少なくとも二次的なものと位置づけざるをえないのだ。それは人々からインテグリティの感覚を取り除き、代わりに疎外感を植えつけるだろう。不偏的観点は、自分自身に特別な価値を認めないという点で、自己抹消的なのである。こうした意味で道徳的に生きるということは、行為主体として生きるという経験と相反する。

ウィリアムズは、これを印象的な喩《たと》え話を用いて表現する。船が沈没の危機にあって、ある乗客が自分の妻を率先して救助したとしよう——それ自体は、別に咎められる行為ではない。もしその理由を尋ねられて、その人が何らかの共通規則を引き合いに出し、今回の行為がその規則に合致するからだと答えたとすれば、それは「行為者に余計なことをひとつ考えさせてしまっている」のではないか。むしろその場合、私たちは行為の理由として、「単にそれは彼の妻である、というものであることを期待するだろう」(「人物・性格・道徳性」三〇頁)。

しかし、以上のインテグリティからの異論は、個人倫理にとっての問題ではあっても、政治倫理にとっての問題ではない。確かに、自分の人生計画を立てる際、自分の信念に対して正直であることは本人にとって重要である。しかし、こと政治的場面に目を転ずるならば話は別である。公職者は、自分の人生を善くするためではなく、社会全般を善くするためにその役割に就くのだ。諸々の政治的判断の際に公職者が自分の信念を最優先にすることは、ともすれば公私混同の誹《そし》りを免れない。

この意味で、政治的判断の特徴はその非人称性である。公職者は日本国憲法が言うところの「国民の代表者」や「全体の奉仕者」であって、その決定は法律のような共通規則として発せられる。この意味で公職者は、私人としての自己をある意味で抹消するのだ。こうした非人称性は、ふたたび正義の女神が纏《まと》う目隠しによって象徴されるだろう。この目隠しは、相手が誰であるかを彼女に対して隠すと同時に、彼女が誰であるかも相手に対して隠している。

沈没する船の例に戻ろう。行為主体がただの乗客ではなく船長であった場合、「単にそれは彼の妻である」という理由は、その人を救助する適切な理由にはならない。船長が避難マニュアルのような共通規則を念頭に置いて救助に当たることは、ウィリアムズの言う「余計な一考」ではない。確かにその瞬間にも、船長はなお近親者を率先して救助したいという気持ちを捨てきれないだろう。これは船長にとって危険な誘惑である。すなわち、「そうした愛着といったものはそうした不偏的な見方に反してしまうという危険をはらむ」のだ(同)。

国家と個人・再考

私を滅却し、公に奉仕せよ――こうしたメッセージは、伝統的に共和主義の政治思想と親和性がある。共和主義とは、「公共の事柄《レスプブリカ》」というラテン語に由来するように、個人は国家の一員として、公共の利益に献身することを美徳とするという考え方である。実際、共和主義者が理想とする共和政体では、人々が政治参加を通じて視野を広げることが重視される。現実的には公職者と市民は機能分化せざるをえないが、理念的には理想的な政治形態として、全市民が何らかの仕方で政治的に生きることが求められる。

公共の利益に献身するということは、自分ファーストや家族ファーストから脱皮するということだ。人々が公平無私に政治に携わるためには、祖国愛を育むことや、法の支配に従うことが必要になる。不偏的観点をとることは、鍛錬を要する一種の美徳なのである。それは、古典古代から近世に至る共和主義思想の系譜で語られてきた、次のような理想的統治者像のなかに反映されている（キケロー「義務について」一七八頁、マキァヴェッリ『ディスコルシ』六八頁）。

もちろん、国事を司ろうという人々はプラトーンによる二つの教えを胸にとめておくべきである。一つは、市民に有益なことを保護すべく、何をするにもすべてはこれを目指し、自己の利益を忘れること、いま一つは、国家全体に配慮し、一部を保護する一方で他を見捨てぬようにすること、である。

こまかい心配りで国家を打ち建てていこうとする者で、私利私欲もなく、ただ公の役に立つことを念願し、自分の子孫に対してではなく、祖国を第一とする人物にこそ、まさに絶対的な権力を手に入れるために奮闘してもらわなければならない。

こうした生き方は、現在の私たちの政治参加のあり方とはだいぶ距離があるように思われる。近代とそれ以前を隔てる大きな違いは、個人主義が確立したことである。日本国憲法で「すべて国民は、個人として尊重される」とあるように（一三条）、意識と同様に制度や規範の問題としても、私たちの住む社会は国家ではなく個人をその基盤とする社会である。こうした社会において公共の利益に対する献身を求めることは、ともすれば個人主義的価値観と齟齬をきたすかもしれない。

明治時代の作家夏目漱石は、近代の個人主義について次のように言っていた（「私の個人主義」一三五頁）。

国家は大切かも知れないが、そう朝から晩まで国家国家といってあたかも国家に取り付かれたような真似は到底我々に出来る話でない。常住坐臥《じょうじゅうざが》国家の事以外を考えてならないという人はあるかも知れないが、そう間断なく一つ事を考えている人は事実あり得

図2－3　J＝L・ダヴィッド『球戯場の誓い』（カルナヴァレ博物館）　室内にいる国民議会の政治家と室外にいる一般市民の分業関係が見てとれる

ない。

しかしその場合、個人に代わって国家について考える存在が必要である。すると、近代以降に普及した代議制民主主義は、パン屋がパンを焼き、靴屋が靴を作るような社会的分業の一種だと言える。たとえ一般市民が主権者であり、集合的意思決定の究極の担い手だとしても、規模においても内容においても複雑化した近代社会において、すべての意思決定に直接的に関与できるわけではない。主権者が国民の代表者や全体の奉仕者を必要とするのは、自分にできないことを自分に代わって果たしてもらうためだ。

この分業関係には規範的意味も含まれる。

代議制民主主義は、政治的判断において必要とされる不偏性の要請を、個人ではなく一部の専門家にアウトソースする仕組みである。トマス・ネーゲルが言うように、「これは人間生活に規範的な分業をもちこむことで、英雄的な統一をそれほど必要としない」(『どこでもないところからの眺め』三三七頁)。それによって私たちは、ときには有権者としてあるいは納税者として、公的観点から物事を捉える必要に迫られながらも、基本的には人生の多くを自分自身や近親者のために送ることができるのだ。

4 まとめ——クレオーンの苦悩と悲嘆

タイトルにもあるように、本章で取り上げた作品の主役はアンティゴネーであり、作品解釈も主として彼女の視点から分析されてきた。本論でも少し触れたように、『アンティゴネー』の特徴のひとつは、兄妹愛という親密な関係を重視する義務の背景に、人定法を超えた神々の法を見ていることである。一見すると内向きにも見える家族への親愛の背後に、国家をも超えた超越的な正当性があるわけだ。同時にこの作品は、家族制度の意義や是非をめぐるジェンダー論の題材としても取り上げられてきた。

それに対してクレオーンは、あくまでもアンティゴネーに対峙する存在として、国法の権威に固執する、血も涙もない思いやりに欠けた暴君として描かれる存在である。実際彼は、アンティゴネーの処分を諫《いさ》める実子のハイモーンに対しても、予言者ティレシアスに対しても、まったく聞く耳をもとうとせず、かえって侮蔑感情を露わにする。この物語に現れる、かたや初老男性、かたや若い女性といった人物配置もまた、こうしたクレオーン像を効果的に印象づけている。

とはいえ、本章で見たように、クレオーンにも彼なりの理屈がないわけではないのだ。辛うじて外国の侵略を退けたものの、彼は王位を引き継いで祖国を再建する途上にある。ドイツの哲学者ヘーゲルは、この点でクレオーンの非情な決断にも規範的契機が見出されると言う。「クレオーンは僭主ではなく、……不当ではない。彼は、国法と統治（政府）の権威は守られなければならず、それを侵害すれば罰せられるということを主張しているのだ」（『宗教哲学講義』三八六頁）。こうしたヘーゲルの読解もまた、それ自体多くの研究の主題になっている。

さて、クレオーンには別の苦しみが生じた。クレオーンは事の次第に不安を覚え始め、処分を撤回したが遅かった。アンティゴネーはすでに自害していたのだ。アンティゴネーと婚約していた彼の実子ハイモーンが、彼女のあとを追って自殺してしまい、加えて彼の妻も、息子のあとを追って自殺してしまった。クレオーンは自分の決断で、一人の姪のみならず、息子や妻までをも間接的に死なせてしまったことになる。孤独になった彼は、物語の最後で自らが招いてしまった結果に苦悩し、悲嘆する。

クレオーンの苦悩と悲嘆は、物語を読む者にひとつの教訓を残している。あまりにも不偏的観点に固執する者は、偏向的観点から生まれる価値の犠牲を支払うのだ。私たちにとっても、公職者にとっても、不偏的観点と同時に、偏向的観点のなかで生きることは人生の素朴な事実である。「悪さ加減の選択」が迫られるジレンマ状況において、クレオーンは近親者を軒並み失うという不可逆的損失を引き受けざるをえなかった。この意味で、彼もまたこの物語におけるもう一人の悲劇の主人公である。

第3章　多数と少数——邸宅の火事でフェヌロンを救う理由

　産業革命期のイギリスで活躍した文筆家にウィリアム・ゴドウィンがいる。一般的には、彼本人というよりも、その配偶者や子どものほうがよく知られているだろう。彼の配偶者は『女性の権利の擁護』で有名な初期フェミニストのメアリー・ウルストンクラフトで、娘はのちに小説『フランケンシュタイン』を書いたメアリーである。ウルストンクラフトはメアリーを産んで亡くなり、ゴドウィンは書店業を営みながら文筆業を続けていた。その彼が結婚前に書いた主著が『政治的正義』（初版一七九三年）である。

　一七八九年に勃発したフランス革命の是非をめぐる論争のなかで書かれた同書は、人間の理性と進歩に信頼を置く徹底した合理主義に貫かれている。真の規範的進歩は弛《たゆ》まぬ理解の向上によってのみ達成される。逆に、こうした個人倫理の発展によって、社会は政府を必要としなくなるだろう。政府によって発せられる法律や規則といった、人々を精神的な無知と隷属に追いやる制度も、知的進歩とともに不要となるはずである。こうしてゴドウィンは、啓蒙思想とアナーキズム（無政府主義）を独特なかたちで結びつけたのだ。

それでは、具体的に何が理性によって人々に求められるのだろうか。ゴドウィンによれば、それは政治家のみならず、一般市民一人ひとりが率先して、政治目的としての公共の利益を実現することである。彼は正義の内実を次のように定める。「若し正義が何等かの意味を持つているなら、私は自分の力にあるあらゆる物を全体に取つての利益に寄与するのが当然である」（五七頁）。続けて、ルイ一四世の時代に実在したフランスの聖職者フェヌロンを引き合いに出しながら、次のような仮説的挿話を用いて読者に問いかける。

〈邸宅の火事〉：フェヌロン大司教の邸宅で火事が発生した。邸宅には本人や女中も含めた複数人が取り残されている。誰を率先して救うべきか。

ゴドウィンの考えでは、私たちはフェヌロンを誰よりも率先して救うべきである。なぜなら彼こそ、のちに小説『テレマコスの冒険』（一六九九年）を書いて「全体に取つての利益」に寄与することになるのだから。実際、一八世紀中、この作品はヨーロッパ中でベストセラーになるほど幅広く読まれ、啓蒙思想家のあいだでも高い評価を得ていたことがうかがえる

（ヴォルテール『ルイ十四世の世紀』三二章、モンテスキュー『ペルシア人の手紙』手紙一二、ルソー『エミール』五編など）。

たとえ同時に取り残された女中が、行為主体の実の妻や母であったとしても、不偏的観点を貫くゴドウィンの判断は揺るがない。いわく（『政治的正義』五七頁～）、

図３－１　フェヌロンが描かれた『テレマコスの冒険』の扉絵

我々は一二の知覚力ある存在者と関係があるのではなくて、一社会、一国民、そして或意味では人類の全家族と関係して居るのである。従つて一般善に最も役立つ生命が選ばれるべきである。……仮に寝室附きの女中が私の妻、私の母、若しくは私の恩人であつたとしても、これは命題の真理を変じはしない。……正義は私

に他を犠牲にして、フェヌロンの生命を助けることを教えたであろう。「私の」と云う代名詞の中に、永続する真理の決定を覆すべき如何なる魔術があるのか？

〈邸宅の火事〉は、政治における「悪さ加減の選択」を仮想化したものである。第1章2節で見たように、政治の世界でつねに問題となるのは、実践的問題としても原理的問題としても生じる利害の対立である。対立する利害関係者はいずれも自分の利益を率先して実現するよう求めるが、公共の利益を目指すにあたり、実際には政治的判断としてどちらかを優先し、どちらかを後回しにせざるをえない。具体的に、ここには以下のような「悪さ加減の選択」が生じている。

選択1　多数を優先して少数を後回しにする
選択2　少数を優先して多数を後回しにする

対立する利害のなかで、誰のどのような利益を優先することが公共の利益に適《かな》うだろうか。一見すると、答えは自明であるように思われる。数の問題として、より少ない利益よりも、より多くの利益を優先したほうがよい。理想は全員の利益を充たすことであるが、それが不可能であるならば、せめて数の多いほうが優先されるべきである。見方を変えれば、それは少数の人間を見捨てることだ。しかしそれでは、逆に多数の人間を見捨てたほうがよいとでもいうのだろうか。

本章では、複数の悪のうちマシな悪を選ぶことを推奨する議論の一種として功利主義について考察する。功利主義は政治的判断において有力な規範理論であるが、重要な異論も向けられている。実際、マイケル・サンデルの正義論講義がそうであるように、現代政治哲学の概説書は、功利主義とその批判から話が始まるのが典型であるほどだ。そこで本章の後半では、功利主義に対して向けられる異論を通じて、規範理論のもうひとつの主軸となる義務論も紹介していく。

1　数の問題

第1章2節で取り上げたように、政治目的の重要な側面は公共の利益を実現することである。問題は、はたして何をどうすればこの利益を実現したことになるかである。この問いに答えうる有力な規範理論が、一八世紀のイギリスの法学者ジェレミー・ベンサムを始祖とする功利主義である。産業革命の時代に立法思想として始まった功利主義は、一九世紀以降、経済学のなかに根づいていき、その思想的影響は倫理学、政治学などに幅広く及んでいる。冒頭で紹介したゴドウィンもまた、初期功利主義者の一人である。

規範理論①――功利主義

ベンサムは功利主義思想として、以下の根本原理を掲げた（『道徳および立法の諸原理序説』二八頁）。

功利性の原理とは、その利益が問題とされている人々の幸福を増進するか、低減させる傾向があると思われるあらゆる行為を是認するか、否認するために使われる原理である。

この原理は、「最大多数の最大幸福」という標語で知られている。すなわち、何らかの選択を迫られた場合、私たちは社会における幸福を最大化するような選択をすべきである。ベンサムは選択の指針をこのように明示することで、自然法則にも匹敵する一貫性を人間社会に与えようとした。彼とその周辺に集まった「哲学的急進派」は、この単純明快な原理を掲げて、市民革命や産業革命の最中にあって旧態依然とした当時の社会を刷新すべく、数々の改革を提案していったのだ。

ベンサムの主著『道徳および立法の諸原理序説』（一七八九年）の書名が示すように、功利主義はそもそも、個人倫理と並んで立法の学として発達してきた。筆者は規範理論として、功利主義が有力な学説であると考えている（『応用政治哲学』九章）。それは以下に挙げる理由から、功利主義の特徴が、政治的判断を下す際、とりわけ適合的であると考えるからだ。（なお、ここではベンサム等に代表される「古典的」バージョンを念頭に置いている。）

特徴①——総和主義

第一の特徴は、総和主義である。ベンサムが想定する社会は、現実に快苦を経験する個人に還元される。そこで公職者の仕事は、社会を構成する人々の快楽の総量を増やし、苦痛の総量を減らすことで、構成員の幸福を足し合わせたところの社会全体の総幸福を最大化することである——ちなみに、「最大化《マキシマイズ》」や「最小化《ミニマイズ》」はベンサムによる造語である。彼は言う、「共同体の利益とは何だろうか。それは共同体を構成する個々の器官である諸個人の利益の総計である」（『道徳および立法の諸原理序説』二九頁）。

政治の世界で総和主義は使い勝手が良い。第1章2節で見たように、政治とは集合的意思決定であり、その影響は政治体の構成員すべてに及ぶ。その一方で、利害の対立のもとでは、複数の選択肢のうち何を選ぼうとも、それにより利益を得る人も損失を被る人も生じてしまう。こうした状況で、社会の構成員の一人でも多くの利益を実現するような制度や政策を公共の利益と見なそうというのが総和主義である。そうすることで、社会の個々の部分が有する私益は、社会全体にとっての公益に転換される。

特筆すべきは、功利主義が高度の不偏性を体現していることである。それが求めているのは最大多数の最大幸福であって、自分も含めた特定の誰かの最大幸福ではない。場合によっては、自分が大事にしている誰かや何かよりも、見知らぬ他人を優先することが求められるだろう。ベンサムの弟子ジョン・スチュワート・ミルが言うように、「自分自身の幸福か他の人々の幸福かを選ぶときには、功利主義は利害関係にない善意ある観察者のように厳密に不偏的であることを当事者に要求している」のだ（『功利主義』二七九頁）。

ゴドウィンがフェヌロンを率先して救う理由は、それが「一社会、一国民、そして人類の全家族」としての「全体に取つての利益」に適うからであり、そのために行為主体は自分自身の近親者をさえ後回しにしなければならない。それゆえ、功利主義の担い手になることは一般市民にとって荷が重いかもしれない。私たちは最大多数の最大幸福を意識して毎日、毎時生きているわけではない。第2章3節で触れたように、不偏的観点をとることは、鍛錬を要する一種の美徳なのである。

とはいえ、現実の功利主義はそこまで過大要求ではないだろう。なぜなら、〈邸宅の家事〉のような最大多数の最大幸福を左右する選択が、実際に一般市民に向けられる機会はそれほどないからである。もちろん、身の回りの範囲で全体の幸福に寄与することは大事かもしれないが、私人の生き方が一国規模、世界規模の公共の利益に直結するわけではない。その意味で功利主義は、そもそも個人倫理というよりも政治倫理として適した教えなのだ。ミルいわく（二八一頁）、

功利主義的倫理にしたがえば、幸福を増大させることが徳の目的である。しかし、（千人のうち一人くらいを別にすれば）誰かが広範にわたって幸福を増大させる能力をもっている、言い換えれば、公共の役に立つ人であるという場合は滅多にない。このような場合にだけ公共の功利を考慮することが求められ、他のあらゆる場合には個人の功利、つまりごく少数の人の利益や幸福だけに関心を向けていればよい。

特徴②——帰結主義

第二の特徴は、帰結主義である。帰結主義とは、ある行為の正しさは、それがもたらす結果に依存するという考え方である。すなわち、より善い結果を残す行為が望ましく、それゆえ正しい。功利主義の場合、結果の善し悪しは最大多数の最大幸福という基準に基づいて評

価される。この結果を導くかぎり、どのような行為も許されるし、それどころかそうするよう求められる。帰結主義的観点からは、善行や加害など、行為が何であれ同一の結果を導くかぎり、それらはいずれも同一に評価される。

（専門的注釈――善行や加害といった行為の性質もまた、世界を構成する結果の一部として数えられるかもしれない。それを結果の次元における評価の対象から排除するのは、「厚生主義」という、本論では扱わない功利主義のさらなる特徴に由来するという解釈もある［セン『正義のアイデア』一〇章、同『経済学と倫理学』三章］。ここでは古典的功利主義の特徴としての帰結主義に焦点を当てているため、評価される結果の範囲を、行為の性質を含まない狭いものとして捉えておく。）

帰結主義もまた政治の世界の一側面を照らし出している。その側面とは、「道徳的運」と呼ばれる問題である。私たちの行為の評価は、その行為がもたらした結果と切り離せない。なぜなら、私たちの世界は偶然性に満ち溢れているからである。同じ行為であったとしても、本人の統御下にない偶然生じた結果次第で、その行為の評価が大きく変わりうる。トマス・ネーゲルが言うように、「結果がどう出るかが、彼が何を行なったのかを決定する」ことがありうるのだ（「道徳における運の問題」四〇頁）。

道徳的運の問題は、政治の世界においても事欠かない。たまたま世界的好景気に引っ張られたがゆえに、善政として記憶される場合もあれば、たまたま自然災害が生じたがゆえに、悪政として記憶される場合もあろう。このように、政治的判断の正否は、それがもたらした結果に照らし合わせて事後的に評価される回顧的なものになることが多い。この意味で、政治の世界はニッコロ・マキァヴェリの言うフォルトゥナ（運命）に左右される。政治家が成功するためには、実力を磨くだけではなく、運を味方にする必要もあるわけだ。

なぜ政治的判断の評価は回顧的なものになるのか。それは、同じ行為が導く結果が自分に降りかかる場合と他人に降りかかる場合とで、その行為の評価が大きく異なるからかもしれない。私たちは、ある決断によって生じるリスクを自分自身で引き受けることができるが、それを他人に押しつけることはできない。例えば、自分の貯金で博打をするのは自由だが、国民の財産で博打をするのは不謹慎である。政治とは集合的意思決定であり、そのリスクの大半は決断者本人よりも本人以外が背負うことになるため、それだけ結果に照らし合わせた評価が重要になるのだ。

道徳的運の問題として、ネーゲルは次のような例を挙げている（同）。

アメリカの独立革命が、多くの人々の血が流されたすえ失敗に終わり、さらに厳しい植民地支配を受ける結果になったとしても、ジェファソンやフランクリンやワシントンの試みが崇高なものであったことに変わりはなく、断頭台に送られても後悔することさえなかったかもしれないが、しかしその場合、彼らが同胞たちにもたらすことになった結果に関しては、彼らは自分を責めなければならなかったはずである。

こうした回顧的正当化——結果論とでも言えるかもしれない——は、帰結主義と同一ではない。回顧的正当化は、事後評価の時点で、ある行為の正否を振り返って評価するのに対して、帰結主義は、行為選択の時点で、ある行為の正否をそれが将来もたらすであろう結果に照らし合わせて評価する。とはいえ、両者は事実上重なっていくだろう。事後評価の時点で、ある行為が実際の結果に照らし合わせて評価されるようになれば、こうした評価を先回りして、行為選択の時点でも、ある行為をそのありうる結果に照らし合わせて選ぶよ

図３－２　E・ロイツェ『デラウェア川を渡るワシントン』（メトロポリタン美術館）　のちに初代大統領となる指揮官の英雄性が強調されている

うになる。

2　総和主義の是非

功利主義は有力な規範理論であるが、異論も向けられている。ゴドウィンがフェヌロンを率先して救う理由は、それが「全体に取っての利益」に適うからだった。その前提にある想定は、人々の利益は何らかの仕方で——例えば、単純に加算する方法で——全体として集計できるということだ。集計の結果、幸福な人間が一人でも多く、逆に不幸な人間が一人でも少ないことが望ましい。しかし、本当にそれを政治的判断の指針にしてしまって大丈夫だろうか。功利主義批判者はこの点に懸念を覚えている。

人格の別個性

単純な例から考えよう。ある人が二倍苦しむことは二倍悪いことである。それでは、ある人が感じる苦しみと同等の苦しみを、別の人も感じることは二倍悪いことだろうか。そこで苦しみを感じる人物は別の存在であり、二人の人間が別々に苦痛を受けたとき、二倍の苦痛を感じる集合体は存在しない。快楽や苦痛、幸福は心的状態を表す概念であり、心は全体ではなく個人しかもちえない。こうした理由から、政治哲学者のジョン・ロールズやロバート・ノージックは総和主義に異を唱える（『正義論』六頁、『アナーキー・国家・ユートピア』五一頁〜）。

すべての人びとは正義に基づいた〈不可侵なるもの〉を所持しており、社会全体の福祉を持ち出したとしても、これを蹂躙《じゅうりん》することはできない。……少数の人びとに犠牲を強いることよりも多数の人びとがより多くの量の利便性を享受できるほうを重視すること、これも正義が許容するところではない。……つまり正義が保証する諸権利は、政治的な交渉や社会的な利害計算に左右されるものではない。

個人としてはわれわれは各々時によって、より大きな利益のためまたはより大きな害を避けるため、痛みや犠牲をあえて受けることがある。……しかし、自身の善のためにある犠牲を忍ぶというような、善を伴う社会的実体などというものは存在しない。……我々の間で道徳上の帳じり合わせは起りえない、つまり、我々のうちの一人の命より他の人々の命が道徳上優越することによってより大きな全体としての社会的善に導くことなどない。

功利主義にとって優先課題は、社会全体がどうあるかであって、そこで想定される人間は、効用で満たされる個々の容器でしかない。例えば、ゴドウィンがフェヌロンを率先して救う理由は、彼個人が重要だからではなく、彼の存在が「全体に取つての利益」に資するからである。個人は全体に対する部分を占めるにすぎない。ロールズによれば、「不偏的で共感的な観察者の想像力の作動を通じて、すべての人びとが単一の人へと合体・融合されてしまう。功利主義は諸個人の間の差異を真剣に受け止めていないのである」（『正義論』三九頁）。

しかし、総和主義の名のもとにある利益を優先し、別の利益を後回しにすることは、ある効用の増大を別の効用の減少に置き換えているだけではない。なぜなら、利益はつねに誰かにとっての効用であるからだ。個人の犠牲を全体として埋め合わせるような、「一社会、一国民、そして人類の全家族」なる架空の容器は存在しない。この点で、功利主義は一人ひとりの人間が他人から独立しているという人格の別個性を等閑視《とうかんし》しているのだ。

権利論

人格の別個性に基づく各人の社会的地位を保障するために、功利主義批判者が頼っているのが「切り札」としての権利という発想である。現代の権利論者にとって、権利とはまさに人格間の利益のトレードオフを阻止するために持ち出される概念である。それはいわば、個々の人間に与えられた拒否権である。私たちが権利によって物事を判断するとき、その含意は、少数の利益はときに多数の利益を覆すことも辞さないということだ。

権利の観念の基礎になっているのは、人間の尊厳である。「尊厳」とは人間が一人ひとり固有の価値をもっているという人間相互の代替不可能性を指す用語である。それは人間が取り替えのきかないユニークな存在であることを示している。世界人権宣言は、「すべての人間は、生まれながらにして自由であり、かつ、尊厳と権利とにおいて平等である」（一条）と謳《うた》い、国際人権規約は、「これらの権利が人間の固有の尊厳に由来することを認め」ている（社会権規約前文・自由権規約前文）。

ある人の権利を尊重するということは、その人の尊厳を尊重するということである。それは、ある人の利益の重みを、別の人の利益の重みと代替不可能なものとして扱うということだ。もし尊厳をもつ者の何かが損なわれるなら、それは世界で唯一無二の価値の喪失であり、たとえ世界全体の利益を引き合いに出してもその損失を代替することはできない。この意味で一人ひとりの人間は、机や椅子のように代替可能な物件とは本質的に異なる。

尊厳の理念を重視してきたのが戦後ドイツである。ボン基本法では「人間の尊厳は不可侵である。これを尊重し、かつ、保護することは、すべての国家権力の義務である」と明言されている（一条）。この規定は、ナチス・ドイツ時代に繰り広げられた、ホロコーストに代表される広範かつ凄惨な人間性の否定という負の歴史を踏まえたものであった。第4章や第5章で取り上げるように、ドイツではこうした観念に基づいて、重要な法的判断が下されてきた。

人々の権利を切り札とすることは、功利主義的観点から最善の結果を生まないかもしれない。しかしこれは、権利を制限する理由にはならない。誰かの不利益が別の誰かの利益によって相殺されるというトレードオフの発想それ自体に、私たちは忌避感を抱く。ロールズは、この点に功利主義の根本的な欠点を見る。「人びとを尊敬するとは、社会全体の福祉でさえ踏みにじることのできない、正義に基づいた不可侵性を人びとは有していると承認することである」（『正義論』七七二頁）。

権利は絶対的か

しかし、権利論には難点もある。すなわち、権利の名のもとで人々の一定の利益にそのほかの利益を凌《しの》ぐ絶対的優先性を与えたとしても、そうした権利それ自体が複数存在し、相互に衝突しうるからである。こうした場合、切り札としての権利同士のあいだで、どれを優先するかという問いは避けられない。するとやはり、いずれにしても何らかの権利侵害が避けられないなら、それをせめて最小化するというマシな悪を選ばざるをえないだろう——これは、ノージックが呼ぶところの「権利功利主義」の考え方である（『アナーキー・国家・ユートピア』四四頁）。

そこで、権利の「侵害《インフリンジメント》」と権利の「不当侵害《バイオレーション》」を区別しておこう。権利をインフリンジするとは、正当化理由を伴って権利を侵すことである。権利をバイオレートするとは、正当化理由なく権利を侵すことである。あらゆる不当侵害は侵害を含むが、逆にあらゆる侵害が不当侵害になるわけではない。あらゆる侵害が不当侵害になるのは、侵害された権利が絶対的である場合である。多くの権利はこの意味で絶対的であるとは言えない。

これは刑法上、緊急避難と呼ばれる事例によって例証されている。「緊急避難」とは、危難から自分または他人の権利や利益を守るためにやむをえず行った損害行為に対する不処罰事由である。例えば、次のような事例を考えよう（Feinberg, "Voluntary Euthanasia and the Inalienable Right to Life"）。

〈山小屋〉：登山家が雪山を登山中、猛吹雪に襲われた。目の前には、鍵がかけられた無人の山小屋がある。登山家がやむなく窓を壊して中に入り、保存食を食べたり暖をとるために家具を燃やしたりすることは許されるか。

登山家の生命権と所有者の財産権の重みの違いを踏まえれば、後者の侵害については、緊急避難としてその違法性（責任）が阻却されうる。これは、権利同士が衝突した際、権利の軽重を比較した結果下されるマシな悪である。この意味で、財産権は絶対的権利ではない。だからといって、所有者の財産権が侵害されたという事実は変わらない。その証拠に、登山家は所有者に対して、事後的に謝罪や補償をすべきだろう。権利侵害が万事を考慮して正当化されたとしても、権利それ自体が消滅するわけではないのだ。

3　帰結主義の是非

それでは、利害が対立し、あるいは権利が衝突する際の解決策として、ゴドウィンがフェヌロンを率先して救う理由に挙げたように、「全体に取っての利益」を重視することに同意しよう。にもかかわらず問題は残っている。「悪さ加減の選択」における選択の指針は、「全体に取っての利益」だけでよいのか。繰り返すと、功利主義の特徴である帰結主義によれば、善行や加害などの異なった行為は、同一の結果を導くかぎり、いずれも同一に評価される。しかし功利主義批判者は、この点に関しても懸念を覚えている。

規範理論②――義務論

ここで批判者が拠っているのが、行為の次元に目を向ける義務論である。すなわち、ある行為の正否は、その行為の性質が私たちの義務に適っているかどうかによって評価される。義務論の主張のひとつは、たとえ同一の結果を導くとしても、異なった行為のあいだには違いがあるというものだ。この意味で義務論は、もっぱら結果の次元に焦点を当てる帰結主義、つまり功利主義に反対する。すなわち、義務論的観点からは、功利主義的観点から最善の結果をもたらす行為が不正であることもあるし、功利主義的観点から最善の結果をもたらさない行為が正しいこともある。

これは「善に対する正の優先」という標語で示される。この標語自体、多義的に理解されがちなのだが、ここでの文脈では次のようになる。正《ライト》とは、善行や加害のような行為に対する評価概念であり、善《グッド》とは、こうした行為の結果もたらされる事態に対する評価概念である。功利主義において、行為の正否は結果の善悪に応じて評価されるので、正は善に依存している。その一方で、義務論において、行為の正否は結果の善悪とは別個に評価されるので、正は善から独立しており、また善に対して優先されうる。

それでは、私たちに一定の行為を命じる義務の観念はどこから来るのか。義務論者によってさまざまな想定がされてきた。ここでは代表的な義務論者である一八世紀のドイツの哲学者イマニュエル・カントを見てみよう。彼によれば、それは私たちの内なる道徳性である。理性的存在である人間は、ほかの自然的存在とは異なり、自然傾向に逆らって自律的に道徳法則を身につけることができる。こうした自律的能力をもつ点で、人間はほかの目的に依存しない目的それ自体である。ただ人間であるだけではなく、道徳的でありうるというその人格の内なる人間性が尊厳に値する。

しかし同時に、人間は感性的存在でもある。私たちは道徳法則を身につけることができるが、それに反する傾向性も備えている。それゆえ、私たちは内なる道徳性に気づきながらも、それに従うことができないかもしれない。「わかっちゃいるけど、やめられない」というわけだ。そのため、道徳性は私たちにとって「～するな!」「～しなさい!」という義務として立ち現れる。この義務に従い、この義務のために行為できることが、傾向性を離れた自由な人間の特徴である。それゆえカントにとって、道徳性と義務と自由は表裏一体となっている。

義務論は、前節で触れた権利論の基礎としても捉えられる。一八世紀の市民革命を導いた天賦人権論の発想では、先行するのは万人が自然的に保持している権利であり、それが他人に対してその権利の尊重を義務づけることになる。カントは別の発想をした。権利と義務が相関的だとして、権利の中身を与えるのは、それに対して先行する義務であるというのだ。カントは権利論と義務論の関係をこう語っている（『人倫の形而上学　一』九四頁）。

とはいえなぜ、人倫論（道徳）は通常……義務論と命名され、権利論とは名ざされないのだろうか？　しかも一方は他方と関連しているにもかかわらず、ということである。――理由は以下のとおりである。私たちがじぶん自身の自由（その自由から道徳法則のすべても、かくてまたいっさいの権利も義務も発出するのである）を知るのは、ひとえに道徳的命法をつうじてのみであって、その命法は義務を命じる命題であり、その命題にもとづいてのちに、他者たちを義務づける能力、すなわち権利の概念が展開されうる、ということなのである。

マシな悪の倫理・再考

とはいえ、行為の次元にもっぱら焦点を当て（義務論）、結果の次元をまったく考慮に入れないのも逆に極端だろう。なぜなら、それを権利と呼ぼうが義務と呼ぼうが、それらはやはり複数存在し、衝突しうるからである。私たちは権利よりも義務を尊重すべきだと言ったところで、前者の衝突を後者の衝突にスライドさせたにすぎない。すると、義務の衝突は原理的にありえないというかなり強引な想定を置かないかぎり、義務論者もまた、複数の義務のうちどれを優先し、どれを後回しにするかという「悪さ加減の選択」を避けられない。

〈邸宅の火事〉に戻ろう。フェヌロンや女中も含めた邸宅に取り残された人々は、特定の役割を帯びた人々に対して、それぞれ救助を求めることができる。逆に、公務に当たる救助者は、その全員に対して一定の範囲で救助義務を負うことになるだろう（日本でも、国民の生命・身体・財産の保護は、日本国憲法一三条、警察法二条、消防法一条などで規定されている）。しかしながら、この思考実験では、残念ながらこうした人々の全員を一斉に救うことはできず、優先順位を付けざるをえない。

義務論の本領はむしろここで発揮される。たとえやむをえない状況であったとしても、果たせなかった義務が義務でなくなるわけではない。実際、もし救助者が救助を求める女中を差し置いてフェヌロンを一目散に救い、最善の結果を実現できたと自画自賛していたら、何かしら不適当であると感じられるだろう。たとえ万事を考慮して正当化されるとしても、「悪さ加減の選択」は行為の次元で何らかの義務違反を伴う点で、あくまでも必要悪に留まるのだ。

義務論的制約

加えて、義務論的観点からは、すべての義務違反がマシな悪の倫理によって許されるわけではない。ある種の行為は本質的に不正であり、その結果を度外視して禁じられうる。最大多数の最大幸福があらゆる場面で妥当するわけではない。たとえ功利主義的観点から最善の結果を導くとしても、無辜《むこ》の者の意図的加害や拷問など、絶対的にしてはならない行為があるのだ。もしこうした義務が相関する権利を伴うならば、その権利の侵害はつねに不当侵害《バイオレーション》である。このように、結果が何であれ一定の行為に対して課せられる禁止を「義務論的制約」と呼ぶ。

義務論的制約の一種が、人々を意図して加害すること、あるいは人々を単なる手段として利用することを禁じる原理である。トマス・ネーゲルいわく、「義務論的な制約にそむくには、意図的に他人を悪くあつかわなければならない。この悪いあつかいは、目的あるいは手段として、おこなうか選ばなければならない」（『どこでもないところからの眺め』二九四頁）。たとえそれが結果の次元で最善だとしても、もしその行為が人々を単なる手段として利用するのであれば禁じられる。これについては第4章で取り上げる。

別の義務論的制約として、拷問や虐待などの非人道的処遇を禁じる原理がある。例えば拷問等禁止条約は、「戦争状態、戦争の脅威、内政の不安定又は他の公の緊急事態であるかどうかにかかわらず、いかなる例外的な事態も拷問を正当化する根拠として援用することはできない」と規定し（二条）、日本国憲法は、「公務員による拷問及び残虐な刑罰は、絶対にこれを禁ずる」と規定している（三六条）。ここでの禁止事項は、いかなる例外的な事態においても絶対に妥当するとされる。これについては第５章で取り上げる。

4　まとめ——ゴドウィンの変化

ベンサムが、権利の観念に対して懐疑的だったのは有名である。彼が『序説』を刊行したのと同じ一七八九年、対岸のフランスではフランス革命が生じていた。ベンサムは当初、社会を合理的に再構築する試みとして革命を支持し、さまざまな改革案を提案した功績でフランス名誉市民にも選ばれている（ディンウィディ『ベンサム』一二頁）。しかし彼は、その後の無政府状態を見るにつけ、革命の行く末に失望し、批判に転じるようになった。彼にとって、天賦人権論などというものを認めるのはナンセンスにすぎない。

対照的に、女性の権利を強力に擁護したウルストンクラフトとの出会いは、ゴドウィンの功利主義思想に変化を与えていったようである。一七九三年に『政治的正義』初版を出版したのち、彼は彼女と交友を始め、結婚する。彼女との共同生活と歩調を合わせるかのように、一七九六年には第二版が、その二年後には第三版が出版されるが、各版のあいだには体裁上と並んで、内容上幾つかの重要な変更が加えられている。そのひとつが、人間の権利に関する扱いである。

初版時のゴドウィンにとっては、社会全体・人類全体の幸福の実現が絶対的な義務であって、個人が好き勝手に振る舞える領域を画定する権利という観念は言語道断であった。「私は断言する。人間は権利を持ってはいない、如何なる自由裁断の力をも持ってはいないと」(七七頁)。しかし第二版以降では、全体幸福を実現する正義と同時に、個人の正当な領域を重視するようになる。例えば彼は、正当な取り分が権利として認められることを承認し、財産権を人間の権利として認めるようになった。

本章に登場した三人の思想家――ゴドウィン、ベンサム、カント――はいずれも一八～一九世紀の時代を生き、市民革命や産業革命といった人類史の一大転換期を経験している。現在の私たちが政治について考える際の、効用、権利、尊厳、義務といった基本的観念もまた、こうした思想家たちによって引き合いに出され、洗練させられていったのだ。同時に、彼らはこうした観念のなかにある、あるいはそれらのあいだにある鋭い緊張関係についても十分に自覚的であった。以上の手がかりを得たうえで、次章ではいよいよ「悪さ加減の選択」をめぐる論争の本丸に踏み込もう。

第4章　無危害と善行——ハイジャック機を違法に撃墜する

弁護士として活動した経験もある、現代ドイツの作家フェルディナント・フォン・シーラッハの劇作品『テロ』は、テロリストにハイジャックされた航空機を撃墜したドイツ空軍のラース・コッホ少佐をめぐる架空の裁判を軸に進んでいく。あらすじは以下のとおり。二〇一三年七月、自爆テロリストがドイツ上空で一六四名の乗員乗客を乗せた航空機をハイジャックした。その目的は、国際試合が行われている最中の、七万人がひしめくサッカースタジアムに墜落させることである。報告を受けた空軍中将は、コッホの戦闘機に並行飛行と目視を命じた。

コッホはハイジャック機に向けて進路妨害や警告射撃を行ったが、効果はなかった。テロリストの意志はきわめて強固であるようだ。中将は国防大臣に対して撃墜を進言したが、それを可能にする国内法は存在しないとして却下された。航空機はそのままスタジアムに向けて約三〇分飛行し、目標まで二五キロの地点で降下を開始した。目的地到着まであと数分しか残っていない。コッホはマイクに向けて、「いま、撃墜しなければ数万人が死ぬ」と叫んだ（四二頁）。その後、コッホは独断で空対空ミサイルを発射し、航空機はジャガイモ畑に墜落した。生存者はいなかった。

コッホは殺人罪で起訴された。確かに、上官の命令を無視して乗員乗客を犠牲にしたことの責任は重大である。多数の人命を救うためとはいえ、少数の人間を犠牲にした彼の決断ははたして許されるのか。第3章で取り上げた多数と少数のどちらかを選ばざるをえないという「悪さ加減の選択」が、ここにも現出している。彼の有罪無罪は、一般市民からなる参審員を加えて決定される。裁判でコッホは検察官と以下のようなやり取りを繰り広げる（七七頁〜）。

被告人「民間人は武器になりうるのです。テロリストの武器です。テロリストは航空機を武器に変えるのです。この武器と、わたしは戦わなければならないのです」
検察官「それでは乗客をもはや人間とみなしていないことになりませんか？」
被告人「どうしてでしょうか？」
検察官「あなたは乗客を武器の一部だと言う。だとすると、乗客は物、物体になってしまいますよ」
被告人「しかしそういうものです」
検察官「あなたは、人間をそういうふうにしか見られないのですか？　武器の一部としか見なされなくなった人は、それでもまだ人間なのですか？　人間であることは、わたしたちにとってもっとも大事なことだと思うのですが？」
被告人「そういう美しい思想を、あなたなら展開できるでしょう。しかしわたしは上空で、責任を負うのです。わたしには、人間であることの本質とはなにかなどと考えている時間のゆとりはありません。決断しなければならないのです」

コッホの弁護人は、七万人の犠牲か、一六四名の犠牲かという選択に直面して、「より小さな悪を優先するこの考え方……のほうが筋が通る」という理屈で、被告人の無罪を主張する（一一六頁）。しかし、はたしてこれは単純に数の問題に訴えて解決できる行為だろうか。第3章の〈邸宅の火事〉で問われていたのは、ある人々を救うために、別の人々を見捨てることの是非であった（本書五六頁）。今回は違う。コッホはある人々を救うために、別の人々を加害したのだ。ここでは以下のような「悪さ加減の選択」が生じている。

選択1　ある人々を救うために別の人々を加害する
選択2　ある人々を見捨てても別の人々を加害しない

本章の選択肢はより深刻である。第3章の選択肢で、フェヌロンを救うために女中を見捨てることを支持する者であっても、本章の選択肢で、コッホはスタジアムの人々を救うためにハイジャック機を撃墜すべきだったと断言できる者はそれほど多くないだろう。検察官は次のように論告する。「今回の公判で問題になっているのは、わたしたちが無辜《むこ》の人を救うために他の無辜の人を殺してもいいのかということです。そしてそれが数の問題かどうかという点です」（『テロ』一〇二頁）。どうやら、数の問題だけではなさそうなのだ。

本章では、こうした題材を通じて「悪さ加減の選択」の一層複雑な様相を探る。あらかじめ付言しておくと、本章はなるべくわかりやすくなるように工夫を重ねたが、それでも読みやすい内容ではない。「消極的義務」「積極的義務」「手段原理」といったあまり耳慣れない言葉が頻出するし、議論の展開はトロリーの思考実験に基づく抽象的議論が中心になる。逆に言えば、この思考実験は風変わりな頭の体操ではなく、この種の実践的問題に向き合うために哲学者たちが考案してきたものである。要点を押さえながらゆっくり見ていこう。

1　トロリーの思考実験

劇作品『テロ』にはそれに先立つ現実事例があった。二〇〇一年に発生したアメリカ同時多発テロ事件時、三機のハイジャック機が自爆行動をとったのち、合衆国政府は乗員乗客を乗せた残るハイジャック機を撃墜することを許可したのだ。実際のところ、この許可は実行されることなく終わる。乗員乗客がハイジャック犯に対して抵抗を試みた結果、目標（ホワイトハウスあるいは合衆国議会議事堂だったと言われる）を外した場所で墜落したからだ。この事件はアメリカおよび世界に大きな衝撃を与え、のちにドイツで航空安全法の是非として引き継がれた。

具体例——ドイツ航空安全法

同時多発テロ事件を受けて、ドイツでは、国内テロ対策にあたり国防大臣の判断により連邦軍を投入することを定める航空安全法が二〇〇五年に制定された。背景として、同国で二〇〇六年にサッカーワールドカップの開催を控えていたこともあったようだ。とはいえ、同法は制定過程からして波乱含みであった。同法は、二〇〇四年に連邦議会に提出され、通過したが、連邦参議院の同意を得ることができず、両院委員会でも同意が得られなかった。結局、翌年に連邦参議院の異議を却下する議案が連邦議会で可決されたことで何とか成立したのだ。

同法一四条三項は、ハイジャックされた航空機への対応措置として、武力の直接的行使を定めている。すなわち、ハイジャック機が乗員乗客のみならずほかの人間の生命も脅かす可能性がある場合、そのほかの手段が尽きたうえで、武力行使を許可するものであった。同法は連邦憲法裁判所への憲法異議申し立ての対象となり、その合憲性が審査された。裁判所は二〇〇六年に、同法の該当箇所は基本法の理念に反するもので違憲であると判断した。

『テロ』の舞台設定は、実際に制定され、その後違憲判決を受けた航空安全法の存在を前提として話が進む。だからこそ作中でも、事件発生を受けて、空軍中将が国防大臣にハイジャック機の撃墜を進言したとき、大臣はそれを可能にする国内法は存在しないと言って却下したのだ。コッホの決断は現実の裁判所の判決に公然と背くものだった。ちなみにコッホは、こうした背景を踏まえて、「連邦憲法裁判所の判決は間違いだと思っています」と言い放っている（七一頁）。

裁判で検察官もこの思考実験に言及しているように、本章では、コッホの決断の是非をトロリーの思考実験を軸に検討する。これから参照する事例は、そのなかでももっとも頻繁に用いられる〈運転手〉〈歩道橋〉〈傍観者〉の三事例である。トロリー問題は数多くの派生的な思考実験を生み出し、迷路のような発展を遂げているが、以下ではこうした経緯をかなり再構成している。トロリーの思考実験で最初に焦点が当てられたのは以下のような対比事例である（Foot, "The Problem of Abortion and the Doctrine of the Double Effect"; Thomson, "Killing, Letting Die, and the Trolley Problem"）。

〈運転手〉：ブレーキの利かない路面電車が暴走している。眼前の本線上には五人が縛られており、そのまま進めば五人が轢かれることになる。本線から逸れる待避線があり、待避線上にも一人が縛られている。路面電車の運転手は待避線に進路変更すべきか。

〈歩道橋〉：同じく路面電車が暴走している。行為主体は歩道橋上にいて、隣に重い男がいる。この男を突き落とせば路面電車を止めることができる。一人を犠牲にする代わりに、五人を救うことができるだろう。行為主体は歩道橋上の重い男を突き落とすべきか。

私たちは〈運転手〉において、進路変更することを正しいと考えるだろう。遺憾なことに、全員を救う見込みは仮定上閉ざされている。いずれにしても誰かを犠牲にせざるをえない「悪さ加減の選択」である以上、犠牲の最小化が、第1章3節で検討したマシな悪の倫理が求めることである。逆に、一人を轢くよりも五人を轢くほうがマシだという判断がありうるのか。数の問題で言えば、大きな被害よりも小さな被害で済むことに誰が異論を差し挟むだろうか。

にもかかわらず、〈歩道橋〉で躊躇《ためら》いなく重い男を突き落とすべきだとは思われないだろう。むしろ私たちは、たとえ五人の犠牲を予期していたとしても、一人を犠牲にすべきではないと強く直観する——あるいは、この思考実験はそう直観するように設計されている。数の問題で言えば、どちらの事例も同一である。にもかかわらず、私たちの直観は大幅に異なるわけだ。筆者はここで、〈運転手〉の一人の加害は許され、〈歩道橋〉の一人の加害は許されないという直観を支持する。問いたいことは、こうした直観の違いが生じる理由である。

2　消極的義務と積極的義務

トロリーの思考実験は、ある区別を浮き彫りにするために慎重に設計されている。それは、コッホが直面した二つの選択肢に当たる、選択1（人々を救うこと）の善行《ベネフィセンス》と、選択2（人々を加害しないこと）の無危害《ノンマレフィセンス》の区別である。古くから医療倫理のなかで、「病気については次の二つのことに熟達しなければならない、益を与えよ、さもなくば無害であれ」と言われてきたように（ヒポクラテス「流行病」一二四頁）、これら二種類の義務は、私たちの世界を形作るもっとも基本的な規範的要請であり続けてきた。

義務の対照性

二つの義務の違いを探っていきたい。一般に他人への義務は、「消極的義務《ネガティヴ》」と「積極的義務《ポジティヴ》」に区別される。消極的義務は不作為《オミッション》、すなわち行為主体に対して何らかの行為を差し控えることを求める。その一方で、積極的義務は作為《コミッション》、すなわち行為主体に対して何らかの行為をすることを求める。もう少しかみ砕くと、消極的義務は「～するな！」という否定形をとる義務であり、積極的義務は「～しなさい！」という肯定形をとる義務である。無危害の義務は消極的義務の一種であり、善行の義務は積極的義務の一種である。

ここでは消極的義務と積極的義務の対照性に注目しておきたい（表4－1）。①消極的義務の遵守は加害しないという不作為を求め、②積極的義務の遵守は善行するという作為を求める。逆に、③消極的義務の違反は加害するという作為を伴い、④積極的義務の違反は善行

	消極的義務	積極的義務
遵守	①加害しない（不作為）	②善行する　（作為）
違反	③加害する　（作為）	④善行しない（不作為）

表4－1　消極的義務／積極的義務の遵守／違反

しないという不作為を伴う。それぞれの遵守（①②）と違反（③④）に応じて、作為（②③）と不作為（①④）がたすき掛けのように現れていることがわかるだろう。

作為と不作為はどのように異なるのだろうか。第一に、不作為は行為主体に対する負担が小さいが、作為は行為主体に対する負担が大きい。行為を差し控えることは誰に対しても遵守可能であるが、作為は時間・エネルギー・金銭といった資源を必要とし、そこにはおのずと限界がある。一方で、私たちは何もしないことによって世界中の人々に対して同時に無危害の義務を果たしている。他方で、困窮者に対して一定の寄付を行う善行ですら、そこに必要な資源を考えれば、はたして私たちは現実的に何人に対してまで履行可能だろうか。

これは、遵守する際の義務の厳格性（行為主体にとって義務がもつ重み）に影響を与える。不作為を求める消極的義務が行為主体に課す負担は小さく、それゆえ義務を果たす厳格性は高い。①のように、私たちが「殺すな」「傷つけるな」といった義務を果たすことに、何の不都合があるだろうか。私たちは殺人や傷害を禁じる法律にいつ何時も従うことができるし、いつ何時も従うべきである。消極的義務は、私たちに対して義務の遵守を強く迫るのだ。

逆に、作為を求める積極的義務が行為主体に課す負担は大きく、それゆえ義務を果たす厳格性は低い。②のように、困窮者に対して手を差し伸べようとしても、困っている人は無数にいるのだから、全員を同時に救うことはできないのである。自分の懐《ふところ》具合に応じて一定の寄付を行うことは大事かもしれないが、やはりそれにも限界がある。それゆえ、第6章であらためて詳しく見るように、積極的義務がカバーする範囲は消極的義務のそれよりも狭い。

第二に、不作為とその結果の関係は結びつきが弱いが、作為とその結果の関係は結びつきが強い。作為はある結果を直接的に引き起こすが、不作為はある結果が生じることを許しているにすぎない。指標となるのは、行為対象の現状とその変化である。一方で、行為主体が作為によって行為対象に害悪や便益をもたらすならば、その現状は良くも悪くも直接変化する。他方で、行為主体が不作為によって行為対象に害悪や便益をもたらすことを差し控えるならば、その現状は良くも悪くも直接変化しない。

これは、違反する際の義務の厳格性に影響を与える。消極的義務の違反は作為を伴うがゆえに、行為主体はその結果に対して因果的に関与している。③のように、そうしないこともできたにもかかわらず、私たちがあえて誰かを殺傷した場合、その作為の結果に対して殺人や傷害の罪に問われるだろう。実際、こうした犯罪の多くは、消極的義務に違反する作為によって成立する。義務違反の深刻さゆえに、私たちは犯罪者の汚名を着せられうる。

逆に、積極的義務の違反は不作為に留まり、行為主体はその結果に対して蓋然的にしか関与していない。④のように、困窮者に対して手を差し伸べなかった結果、その人が亡くなったとしても、その直接の原因は困窮者が困窮していたからであって、そのこと自体は私たちが引き起こしたものではない。たとえ一定の寄付を怠ることで、もしそうすれば助けられた人を助けなかったとしても、私たちに殺人の罪が着せられるわけではないだろう。

ここまでの話はとくに複雑なので、再度要点をまとめておこう。義務には消極的義務と積極的義務の二つがある。無危害（人々を加害しないこと）の義務は消極的義務の一種であり、善行（人々を救うこと）の義務は積極的義務の一種である。①消極的義務の遵守は不作為を求め、②積極的義務の遵守は作為を求める。逆に、③消極的義務の違反は作為を伴い、④積極的義務の違反は不作為を伴う。義務に違反した場合、作為は不作為よりも責任をより重く問われるので、私たちは積極的義務の遵守のほうよりも消極的義務の遵守のほうをより厳格に果たすべきである。

優先テーゼ

以上の区別によって、〈運転手〉と〈歩道橋〉の違いが見えてきた。一方で〈運転手〉では、運転手は本線を進んでも待避線を進んでも、どちらにしても誰かを加害せざるをえない状況に追い込まれている。誰に対して無危害の義務を率先して果たすかが問われている以上、これは消極的義務同士の衝突である。他方で〈歩道橋〉では、行為主体は一人を加害してでも五人を救うか、それとも一人の命を尊重して加害しないかという状況に置かれている。すなわちこれは、積極的義務と消極的義務の衝突である。

なぜ〈運転手〉の一人の加害は許されるのに、〈歩道橋〉の一人の加害は許されないのか。このように考えられないだろうか——同じ義務同士、例えば消極的義務同士や積極的義務同士が衝突する場合には、数の問題としてマシな悪を選ぶことが許される。第3章で取り上げた〈邸宅の火事〉は、善行という積極的義務同士の衝突の事例であった。〈運転手〉は、無危害という消極的義務同士の衝突の事例である。どちらにおいても同じ種類の義務が課せられているため、結果の次元における数の問題として、義務違反を最小化する選択肢を選ぶことには一応の理屈がある。

しかしながら、〈歩道橋〉では、積極的義務と消極的義務という異なった義務が衝突している。この場合私たちは、それぞれの義務を果たす、あるいはそれに背くといった、行為の性質の違いを考慮に入れなければならない。〈歩道橋〉の一人の加害が許されない理由は、異なった義務が衝突する場合、より厳格な消極的義務が優先されるからではないか。行為主体は、たとえ五人を見捨てることになったとしても、重い男を加害しないことを優先させなければならない。こうした考え方を**優先テーゼ**と呼ぼう。すなわち、

優先テーゼ：消極的義務を果たすことは積極的義務を果たすことに優先する

優先テーゼは、消極的義務の厳格性が積極的義務のそれよりも高いことから導かれる。義務に違反した場合、作為は不作為よりも責任をより重く問われる以上、異なった義務が衝突する場合、消極的義務の遵守が率先して求められる。消極的義務の優先性は私たちの直観に合致している。医療倫理において「何よりも害を与えてはならない（primum non nocere）」と言われるように、一般的に消極的義務は積極的義務よりも厳格であるがゆえに、両者の選択を迫られるなら、まずは前者が優先されなければならない。

〈歩道橋〉において、消極的義務を果たすため、行為主体が重い男を突き落とさなかったとしよう。その結果、五人が亡くなったとしても、その結果は行為主体の責任ではない。その死の原因は、かれらが本線上に縛られていること、および路面電車のブレーキが故障したことにある。逆に、積極的義務を果たすため、行為主体が重い男を突き落としたとしよう。これは男の死の原因行為となっており、殺人罪を問われても仕方がない。それゆえ私たちは、

義務の厳格性に従って消極的義務を優先して果たすべきである。

消極的義務の優先性は、法制度のなかにも投影されている。無危害のような消極的義務の厳格性が高く、その遵守が求められ、その違反が忌避されることは、作為犯と不作為犯の区別や異なった量刑のような刑法上の枠組みによっても例証されている。殺人罪や傷害罪のような作為犯とは異なり、不退去罪や不保護罪のような不作為犯は、何らかの法的義務が存在しないかぎり成立しない。ちなみに、条文上は作為の形式で構成される犯罪の構成要件が、不作為によって成立する場合を不真正不作為犯と呼ぶ。

またそれは、安楽死（尊厳死）の是非をめぐる議論のなかにも見出される。積極的安楽死とは、薬物注射を打つなど、患者の死を直接もたらすことであり、消極的安楽死とは、生命維持装置に繋がないなど、患者が死にゆくままに任せることである。前者は消極的義務に違反する作為に当たり、後者は積極的義務に違反する不作為に当たる。多くの国では、積極的安楽死は殺人罪に抵触するとして禁止あるいは厳格に規制されている。その一方で、消極的安楽死は法的・道徳的に許されうる余地がそれよりも多く認められている。

加えて、このテーゼは「不作為バイアス」として知られる現象にも合致している。このバイアスは、作為による害悪を不作為による害悪よりも否定的に判断する心理的傾向のことである。不作為は悪くとも現状を維持するだけだが、作為は現状を積極的に変化させる。作為

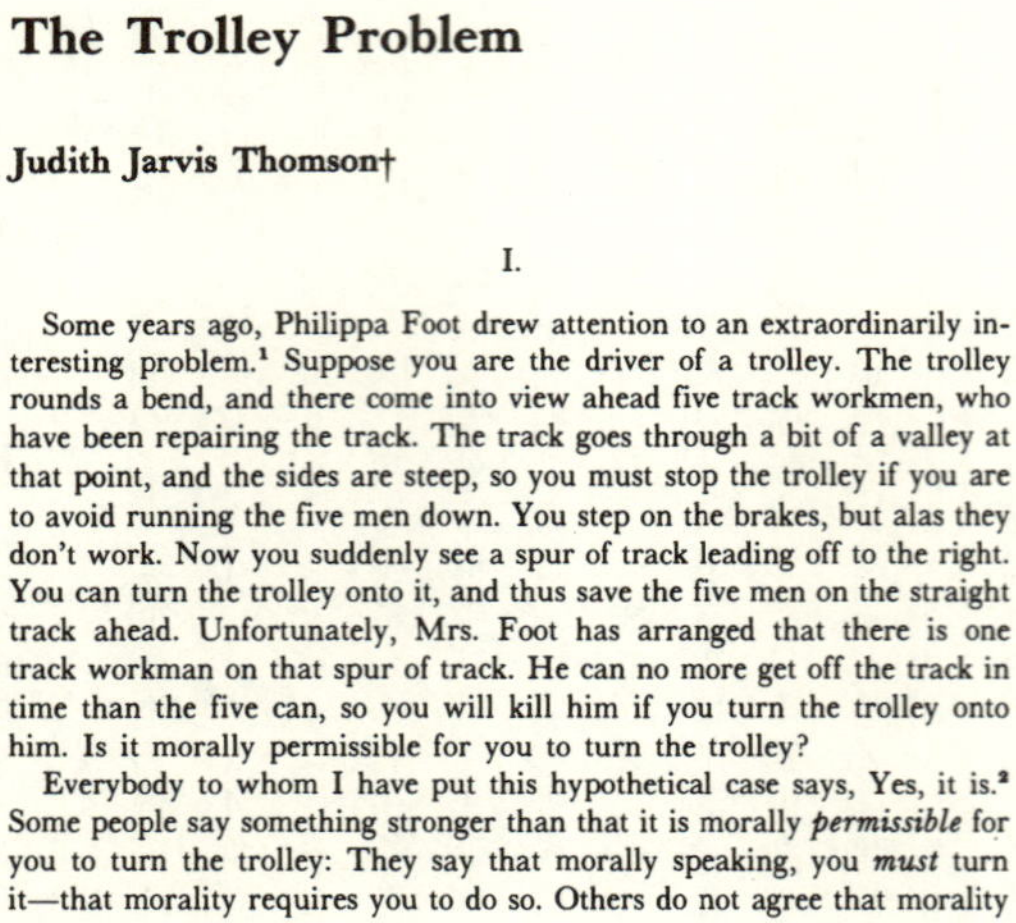
The Trolley Problem

Judith Jarvis Thomson†

I.

Some years ago, Philippa Foot drew attention to an extraordinarily interesting problem.[1] Suppose you are the driver of a trolley. The trolley rounds a bend, and there come into view ahead five track workmen, who have been repairing the track. The track goes through a bit of a valley at that point, and the sides are steep, so you must stop the trolley if you are to avoid running the five men down. You step on the brakes, but alas they don't work. Now you suddenly see a spur of track leading off to the right. You can turn the trolley onto it, and thus save the five men on the straight track ahead. Unfortunately, Mrs. Foot has arranged that there is one track workman on that spur of track. He can no more get off the track in time than the five can, so you will kill him if you turn the trolley onto him. Is it morally permissible for you to turn the trolley?

Everybody to whom I have put this hypothetical case says, Yes, it is.[2] Some people say something stronger than that it is morally *permissible* for you to turn the trolley: They say that morally speaking, you *must* turn it—that morality requires you to do so. Others do not agree that morality

図4－1　ジュディス・トムソンが1985年に発表した「トロリー問題」論文

による変化の結果生じたマイナスは、自他ともに実態以上に過大に評価されるため、何かするよりも何もしないほうがマシだという保守的な態度を招きやすい。このバイアスがそれ自体で非合理的かどうかは議論の余地があるが、ともかくこうした傾向が心理的に存在することは事実である。

3　トロリー問題

こうして、当初の問題は消極的義務と積極的義務の区別を参照することで、さしあたり解決されたように見える。一方で〈運転手〉の場合、問題となっているのは、それぞれ五人と一人への消極的義務同士の衝突であり、数の問題として、前者の義務を率先して果たすことが許される。他方で〈歩道橋〉の場合、問題となっているのは、五人への積極的義務と一人への消極的義務の衝突であり、数の問題にかかわらず、後者の消極的義務が優先される。結果の次元だけ見れば、同数の人命が賭けられているにもかかわらず、両者の直観が異なる理由は**優先テーゼ**によって説明できる。

「問題」の発見

しかし、真の問題はここからである。**優先テーゼ**がつねに直観に沿うわけでないことは、以下のようなトロリーの思考実験の修正版によって早くから明らかにされていた（Thomson, "The Trolley Problem"）。

〈傍観者〉：行為主体は線路脇にいる傍観者であり、暴走する路面電車を目撃している。目の前には転轍機《てんてつき》があり、路面電車を待避線に向けることができるが、その場合、五人が救われる代わりに一人が轢かれることになる。行為主体は転轍機を操作すべきか。

ここでは、行為主体が「運転手」から「傍観者」に変更されていることが重要である。な

	〈運転手〉	〈傍観者〉	〈歩道橋〉
義務の衝突	消極的義務同士の衝突	積極的義務と消極的義務の衝突	
直観	許される		許されない

表4－2　トロリーの思考実験の整理

ぜなら、この変更によって、行為主体が直面する義務の衝突の意味が変わってくるからである。傍観者は五人に加害しないか一人に加害しないかという消極的義務同士の衝突に直面しているわけではない。傍観者が直面する選択肢は、積極的義務を優先して転轍機を操作するか、それとも消極的義務を優先して転轍機を操作しないかである。この点で、〈傍観者〉の行為主体が置かれた状況は〈歩道橋〉と似ている。

　にもかかわらず、私たちの直観では、〈歩道橋〉とは異なり、〈傍観者〉の一人の加害は許されうると思われる。すなわちこの思考実験は、**優先テーゼ**に反して、積極的義務は消極的義務に優先しうることを示唆している。実際、多くの社会調査でも、多くの人は〈傍観者〉のシナリオを提示されて、転轍機を操作するほうを選ぶらしい。筆者はここでも、〈傍観者〉の一人の加害は許され、〈歩道橋〉の一人の加害は許されないという直観を支持する。問いたいことは、こうした直観の違いが生じる理由である。

　もう一度まとめてみよう（表4－2）。前節では、〈運転手〉の一人の加害が許される一方、〈歩道橋〉の一人の加害が許されない理由として、消極的義務と積極的義務の区別に着目し、「消極的義務を果たすことは積極的義務を果たすことに優先する」という優先テーゼを導いた。本節では、同様に積極的義務と消極的義務が衝突しているにもかかわらず、今度は消極的義務違反である〈傍観者〉の一人の加害が許されるという新たな違いに直面している。この違いがなぜ生じるのかという問いが「トロリー問題」と呼ばれるのだ。

手段原理

〈傍観者〉と〈歩道橋〉の違いを解明していきたい。鍵となるのは、犠牲者が事態全体の成り行きに対してどのような立場にあるかである。〈傍観者〉が転轍機を操作したあと、待避線上の一人が自力で脱出し、迫ってくる路面電車から間一髪逃れたとしよう。仮にそうなったとしても、五人を救うという当初の目的が阻害されることはない。一人の犠牲という悪い結果は、五人を救うという善い結果を得るための必要不可欠な事態ではない。待避線上の一人が無事脱出したことは、行為主体にとって福音であっただろう。今や一人の犠牲も出すことなく、事態を切り抜けることができたのである。

〈歩道橋〉は異なる。歩道橋から突き落とされた重い男が、迫ってくる路面電車から間一髪逃れたとしよう。すると、路面電車は止まらず、五人を救うという目的達成に支障が生じる。

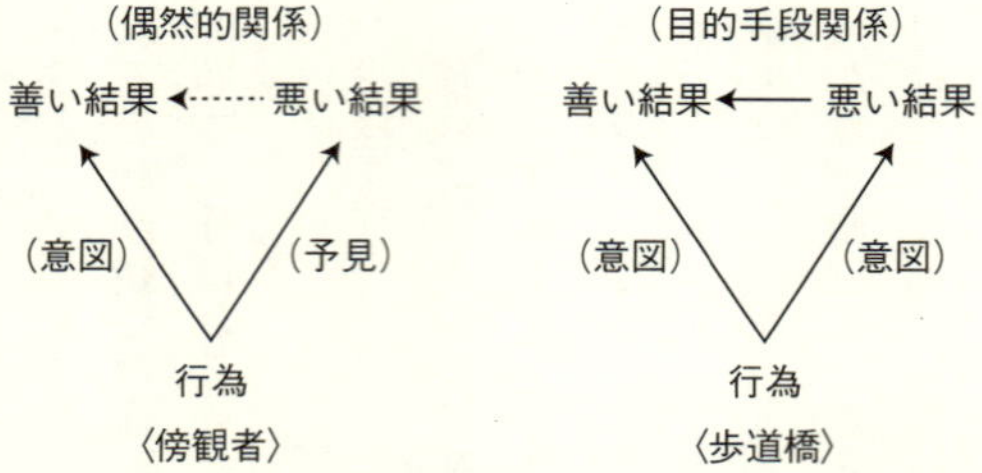

図4‐2　二つの思考実験の構造的違い

一人の犠牲という悪い結果は、五人を救うという善い結果を得るための必要不可欠な事態である。重い男が無事脱出したことは、行為主体にとって福音であるどころか、悪い知らせとして届くだろう。ここでは、一人の犠牲という悪い結果が事態全体の成り行きに対してもつ意味が、〈傍観者〉と〈歩道橋〉のあいだで大きく異なっている（図4‐2）。

すると、〈傍観者〉と〈歩道橋〉の直観の違いは、こうした構造的違いに由来しているのかもしれない。前者の犠牲者は善い結果を得るための手段となっていないが、後者の犠牲者は善い結果を得るための手段となっている。結果の次元では同等であるにもかかわらず、私たちが〈歩道橋〉の一人の加害は許されないと強く直観するのは、行為の次元で人間を手段として利用することを禁じる義務論的制約が存在するからではないか。

こうした義務論的制約は、「カント的原理」や「目的非手段原理」、または単純に**手段原理**と呼ばれている。

手段原理：ある人間を、別の目的を達成するための単なる手段として利用してはならない

「人間を単なる手段として利用するな」——これは、義務論者イマニュエル・カントが定言命法として示した核心的義務のひとつである。第3章3節で見たように、カントの考えでは、理性的存在である人間は、自然傾向に逆らって自律的に道徳法則を身につけることができる点で、ほかの目的に依存しない目的それ自体である。こうした人間が形作る目的の王国では、互いの尊厳が互いに尊重されなければならない。彼は次のように言う（『人倫の形而上学二』一九一頁〜）。

人間性そのものが一箇の尊厳である。というのも人間はいかなる人間からも（他者からも、自分自身からでさえも）たんなる手段として使用されることはできず、むしろつねに同時に目的として使用されなければならないからである。そしてこの点に、まさに人間の尊厳（人格性）があるのである。この尊厳によって人間は自分を、人間ではないが、それでも使用されうる他のすべての世界存在者を越えて高める、したがってすべての物件を越えて自分を高めるのである。

「人間を単なる手段として利用する」という表現には幾つかの注釈が必要である。第一に、手段はつねに目的に付随する。行為対象が手段として利用されるとき、その犠牲は、五人を救うためといった、行為主体が目指す別の目的を達成するための通過点の一部に位置づけられている。カントによれば、目的それ自体である人間は、人間以外の存在、すなわちすべての物件に対して優越する。行為対象を手段として利用するということは、こうした人間を、別の目的達成のために奉仕する物言わぬ物件として道具化するということである。

第二に、人間を手段として利用することがすべて悪いわけではない。私たちの社会関係は、部分的に行為対象を自己目的のための手段として位置づけている。例えば、私たちはタクシーを自分の移動のための手段とする。しかし、この種の利用がカントによって禁じられているわけではない。なぜなら、対価を支払うことで、タクシー運転手は乗客を運ぶことに同意しているからである。ここでの問題は、行為対象を単なる手段として利用すること、すなわち、相手の同意なくその人を手段として利用することである。

手段原理は、行為対象を一定の仕方で扱わないことに注目する。この原理は、行為主体がどのような心理状態のもとにあるかという点と密接に関連している。手段として利用することの指標のひとつは、そこに意図が介在していることである。すなわち、行為対象を単なる手段として利用する際、行為主体はそのことを意図している。〈傍観者〉における一人の犠牲は、予見されたものであっても意図されたものではない。〈歩道橋〉における一人の犠牲は、予見のみならず意図されたものである。意図と予見の区別については、第7章2節で再度取り上げよう。

航空安全法判決

ここまでの検討を終えて、『テロ』におけるコッホ被告の裁判の論点がより明瞭になっただろう。彼の決断は〈歩道橋〉に近いと言えるのではないか。それは、〈運転手〉とは異なり、スタジアムの七万人を救うという積極的義務のために、ハイジャック機の乗員乗客を加害することで消極的義務に背いている。しかもそれは、〈傍観者〉とも異なり、乗員乗客の犠牲を七万人を救うための手段としている。すると、コッホを免罪できるかどうかは、〈歩道橋〉の一人の加害は許されるかどうかと、規模はともかく性質的には類似していることになる。

この作品の背景となっている航空安全法の問題に戻ろう。第3章2節で触れたように、戦後ドイツはボン基本法以来、人間の尊厳を憲法上の基底に据えてきた。ハイジャック機の撃墜を容認する航空安全法は、こうした人間の尊厳の観点から問題視されたのだ。裁判所は、たとえより多くの被害を避けるためだとしても、無辜の乗員乗客を犠牲にすることは取り替えのきかない固有の価値を損なうものであり、尊厳の理念に反するとの違憲判決を下した。（ただし、無人のあるいはテロリストのみが搭乗する航空機の撃墜については合憲と判断された。）

判決では次のように言われている（ドイツ憲法判例研究会『ドイツの憲法判例』八二頁）。

乗客乗員は無防備かつ為すすべなく国家の手に委ねられる。その結果、乗客乗員は航空機もろとも意図的に撃墜され、ほぼ確実に殺されることになる。乗客乗員に対するかかる取扱いは、尊厳と不可譲の権利を持つ主体としての乗客乗員の立場を無視している。乗客乗員は、自らの死を地上の他の人間の救助のための手段として利用されうることにより、モノ扱いされると同時に権利を剝奪される。

この判決は明らかに義務論的かつカント的である。人々は尊厳と権利の主体として、一定の仕方で扱われないことを求める資格がある。国家が一部の人間を目的達成のための単なる手段として意図的に加害することは、結果が何であれ絶対的に禁じられる。それは、政治的判断においても、結果の次元における数の問題がすべてではないことを物語っている。回顧的に見れば、トロリーの思考実験は、この判決が拠っている哲学的根拠を論じるものだったのだ。

4　まとめ――制約をあえて乗り越える

本章はとくに複雑に感じられたかもしれない。しかし、それは問題が実際に複雑だからである。第3章で取り上げた功利主義的観点からは、〈運転手〉〈歩道橋〉〈傍観者〉のあいだの微妙な違いが見分けられない。それらはいずれも、数の問題次第で正しいかあるいは間違っているかである。にもかかわらず私たちは、一部の人間を目的達成のための単なる手段として意図的に加害する行為に対して、より大きな忌避感をもつのではないか。本章で取り上げた『テロ』の問題設定は、この義務論的制約の効力を捉えようとしている。

コッホはそれでも撃墜した。自らの決断が違法行為であることを重々承知のうえで、すなわち犯罪者になる覚悟で、決断したのである。彼は裁判で次のように言っていた――「そういう美しい思想を、あなたたなら展開できるでしょう。しかしわたしは上空で、責任を負うのです」。ここから法と道徳の乖離が始まる。犯罪だから駄目だ、ではなく、コッホはたとえ犯罪であったとしてもすべきことがあると考えたのだ。

私たちはさらに先に進むべきである。「悪さ加減の選択」は、行為主体に対してときに義務論的制約をあえて乗り越えることさえ指図するかもしれない。すなわち、マシな悪を選ぶのみならず、罪を犯すという究極の選択である。検察官の言葉を借りれば、そのとき「わたしたちは自ら手を汚さなければならないのです」(一〇五頁)。手を汚すとは一体どういうことか。なぜ手を汚さなければならないのか。この点については次章で取り上げよう。

第5章　目的と手段――サルトルと「汚れた手」の問題

ジャン＝ポール・サルトルの戯曲『汚れた手』（一九四八年）は、主人公のユゴーがエドレル殺害の結果、二年間の服役を終えて出所するところから始まる。ときは第二次世界大戦中、場所は東欧の架空の小国イリリ国。ドイツに肩入れし、ソ連に対抗する執政ファシスト政権があり、中道ブルジョア政党パンタゴン党がある。ユゴーは会社副社長の息子で博士号をもつ恵まれた立場にありながら、理想のためにプロレタリア政党である労働党に入党した。そのユゴーが、なぜエドレルを殺害したのかというミステリー仕立てで、話は二年前に遡る。

エドレルは元国会議員で労働党書記を務めており、党の運営方針をめぐって党指導者のルイと対立していた。本来イデオロギー的には水と油である政権与党と手を組み、挙国一致政権に加わることをエドレルが提案しているからだ。逆に、政権与党が労働党に接近したことにも理由がある。国外ではソ連がドイツを破って優勢になりつつあり、自国の安全保障のためには国内のプロレタリア政党との関係を改善する必要があったのだ。秘書としてエドレルに仕えるユゴーは、ルイから密かにエドレル暗殺の指令を受けていた。

エドレルは挙国一致政権に加わるべく、党内で騙しの工作をするが、理想主義者のユゴーはこうした政治取引に我慢がならない。「どんなことがあっても、僕は圧迫する人たちとの妥協を承諾できません」（二四頁）。その一方で、エドレルはこうした難詰を未熟な考えとして切り捨てる。もし政権に加わらなければ、ただでさえ困難な国際情勢のなか、内戦に発展し、多数の犠牲が生じるかもしれない。こうした危険を回避するためには、同胞を騙すことも含むあらゆる手段が正当化されるはずだと応じる（九四頁）。

エドレル「必要とあればわしは嘘をつく。……騙すことを拒否したって嘘はなくなりゃしない。階級を消滅させるためのあらゆる手段を用いてはじめて撲滅できるのだ」
ユゴー「すべての手段がいいとは限りません」
エドレル「すべての手段は、効果的なときいいのだ」

またエドレルは、ユゴーに対して目的の重要性を突きつける（九三頁）。

エドレル「なんというおしゃべりだ。もしも危険を冒したくないなら、政治なんかするべきではない」
ユゴー「高価な犠牲を払ってまで政権をとるべきではありません」
エドレル「われわれの党がなんになればいいというんだ。……党とは絶対にひとつの手段にしかすぎん。たったひとつの目的がある。それは政権だ」

本章で取り上げる「汚れた手」とは、公職者が嘘や拷問といった、常識道徳であれば非難に値する行為に訴えることも、ときに許されるという教義である。とりわけ政治の世界では汚れ仕事が必要不可欠であり、大義のためならば小悪もやむをえないという理屈が跋扈《ばっこ》しやすい。こうした理屈に対する肯定的態度と否定的態度は、エドレルとユゴーの対立に象徴されている。具体的にそこには、政治目的と政治手段をめぐって次のような「悪さ加減の選択」が生じている。

選択1　善い目的を達成するため悪い手段を用いる
選択2　善い目的を達成せずとも悪い手段を用いない

汚れた手問題が現代政治哲学の標準的な教科書で詳しく分析されることはめったにない。その一方で、この問題に類する事例は、悲劇、小説、映画、ドラマのなかに満ち溢れている。それに自覚的であるかどうかはともかく、私たちはこの問題の重大性や深刻性に気づき、真剣に受けとめているのだ。汚れた手問題は、政治における「悪さ加減の選択」のいわば極例である。その「悪」性に照らして、内容的にかなり論争的な論点を扱うことになるが、本章ではそれに取り組んでみよう。

1　汚れた手という問題

汚れた手問題は、マイケル・ウォルツァーがサルトルの戯曲名を借りて定式化したことから広く知られるようになった（「政治行為と「汚れた手」という問題」）。従来この教義は「目的は手段を正当化する」型の赤裸々なマキァヴェリズムとして非道徳性のレッテルを貼られてきたが、ウォルツァーはそこに独特な政治倫理を読み込む。とはいえ、政治の一体何が汚れた手問題を惹起するのかについては、論者によって力点の違いが見られる。まずは問題の捉え方をめぐる二つの理解を区別しておこう。

理解①——マキァヴェリの場合

第一の理解は、公職者は日常的に手を汚すという理解である。エドレルが手を染める行為は政治的にありふれたものであり、仕事の一部である。政治の世界はその意味で、一般世界とは別次元にあり、公職者は一般市民とは異なるモラルコードのなかに生きている。私たちが「悪」と呼ぶものは、一般的には手を染めるべきでないことを意味するが、政治的にはときに手を染めるべきこととしてその意味を変えるのだ。こうした理解は、エドレルの次のような言葉に集約されている（「汚れた手」九五頁）。

しかしなんてまあ君は、そう純粋さに執着するんだ。なんだってそう手を汚すことを怖れるんだ。そんなら純粋でいるがいい。だがそれが誰の役に立つのか？　それに、君はなぜわれわれのところにきたんだ？　純粋さとは、行者や修道士の思想だ。君たちインテリ、ブルジョアのアナーキストは、純粋さを口実にしてなにもしない。なにもしない、身動きせず、からだに肘をつけ、手袋をはめている。わしは、このわしは汚れた手をしている。肘まで汚れている。わしは両手を糞や血の中につっこんだ。それでどうした、というのか？　では、清浄潔白に政治をすることができるとでも考えているのか？

古典的には、ルネサンス期イタリアの思想家ニッコロ・マキァヴェリがこの立場を代表している。彼の『君主論』は、フィレンツェの外交官として諸国の政治動静を長らく観察してきた自らの経験に基づき、統治者に対して実践的知識を授ける指南書となっている。君主の責任は自国を守ることであり、この目的を達成するためならいかなる手段をとることも躊躇《ためら》うべきではない。統治者は「必要とあれば、断固として悪のなかへも入っていくすべを知らねばならない」（一三四頁）とさえ主張するマキァヴェリは、「悪の教師」とも評せられてきた。

とはいえ、マキァヴェリ的指南が現代にも通用するかどうかはわからない。例えば彼は、「君主たる者は、おのれの臣民の結束と忠誠心とを保たせるためならば、冷酷という悪評など意に介してはならない」と言う（一二五頁）。実際、マキァヴェリが模範的政治家として称賛したチェーザレ・ボルジアは、実弟すらも手にかける冷酷さをもってローマ地方の混乱を鎮《しず》めた。しかしそもそも、現代の民主主義社会にあって、冷酷な人物であるという悪評が付きまとえば、その政治家は選挙に当選することさえできなくなるだろう。

マキァヴェリ的指南が適切である領域があるとすれば、それは国内社会よりも国際社会である。そこでは赤裸々な権力政治が物事を左右するという理解が広範に広まっている。外交はときに欺瞞を含み、武力すらも政治的意思を強要する一手段である。マキァヴェリの時代から、国際社会の規範も大幅に変わりつつあるとはいえ、依然としてそこでは常識道徳とは別種の行動規範が許され、求められる場所と言えよう。現実主義の伝統が国際関係論分野で根強いことは、このことを物語っている。

理解②——ウォルツァーの場合

第二の理解は、公職者は例外的に手を汚すという理解である。ウォルツァーは汚れた手を日常的意味でも解しているが、実際に彼が焦点を当てる事例はかなり非日常的な事態である。前提として、公職者だからといって手を汚すライセンスを得るわけではない。しかし、かれらがマキァヴェリ的政治家に変貌することが許されうる例外的状況もあるのではないか。彼はこのことを論じるために、トロリー問題と同じくらい（悪名高く）人口に膾炙《かいしゃ》している次のような思考実験を提案した（「政治行為と「汚れた手」という問題」四九五頁〜）。

〈時限爆弾〉：あるテロ容疑者が市内に時限爆弾を仕掛けた。爆弾を除去しなければ数百人に被害が及ぶ。しかしながら、逮捕されたテロ容疑者は決して爆弾の所在を明らかにしない。当局者が爆弾の在処についてテロ容疑者に口を割らせる唯一の手段は、テロ容疑者を拷問することである。この手段は許されるか。

Le Monde

Dans « aden » : tout le cinéma et une sélection de sorties

www.lemonde.fr

JEUDI 23 NOVEMBRE 2000

Le feuilleton américain

- La Cour suprême de Floride accepte le comptage manuel des voix
- Le scrutin sera clos dimanche 26 novembre
- Les républicains de George W. Bush jugent ce verdict

Torture en Algérie : l'aveu des généraux

- Les deux principaux chefs militaires de la bataille d'Alger en 1957 s'expliquent
- Les généraux Massu et Aussaresses racontent la torture et les exécutions sommaires
- Jacques Massu se déclare favorable à une condamnation par la France de ces pratiques

LA MORT DE THÉODORE MONOD

Le savant du désert

図5－1　元フランス軍人によるアルジェリアでの拷問使用の告白を伝える新聞記事（『ル・モンド』2000年11月23日付）

もちろん一般論として、拷問が許されないことは自明である。第1章3節でも指摘したように、大半の人にとって、誰かが誰かを拷問することなど想像するだにおぞましいはずだ。しかしながら今回、当局者が直面する事態は急迫している。テロ攻撃が成功すれば多大な人命が失われるだろう。仮定上、テロ容疑者は爆弾の在処を知っており、しかも拷問を受けないかぎり決して自白しない。当局者は、それが不正であると認識しつつも、やむをえないマシな悪として例外的にテロ容疑者を拷問することを指示・実行するかもしれない。

尋問の一種として拷問を用いることは、醜悪であるが実例には事欠かない。戦後、フランス領アルジェリアでは独立運動が盛んとなり、民族解放戦線（FLN）によるテロ活動が発生していた。こうした活動を取り締まるため、フランス当局は拷問も含む強硬な鎮圧措置をとり、国内的・国際的非難が高まった。ウォルツァーは〈時限爆弾〉の舞台を「植民地戦争を戦う植民地の首都」に設定しているが、その念頭にあったのは当時のアルジェリアである。

今世紀のドイツで、この思考実験を部分的に現実化する出来事（通称ダシュナー事件）が起きた。二〇〇二年九月、銀行家の一一歳の息子を誘拐して身代金一〇〇万ユーロを要求した犯人が逮捕された。警察副署長のヴォルフガング・ダシュナーは、子どもの身柄確保のため、容疑者に対して苦痛を伴う物理的強制を与えると通告し、部下にその指示を出した。ただしここでは、実行前に容疑者が子どもの居場所——すでに遺体であった——を自白したため、拷問未遂である。ダシュナーらの行為は刑事事件として起訴され、判旨では〈時限爆弾〉のシナリオにも言及しつつ、留保付きの有罪判決が下された。

2　いつ手は汚れるか

程度の差はあれ、エドレルがつく嘘も、〈時限爆弾〉における拷問も、常識道徳に照らせば許される行為ではない。確かに、行為主体が通常は望ましくない行為をマシな悪として選ばざるをえない状況は、これまで本書で見てきたような、ときに悲劇性を伴うジレンマ状況において見出される。その一方で、「汚れ」という比喩には、そのほかの行為にはない固有の悪性が含まれている。それでは汚れた手問題は、これまでの「悪さ加減の選択」とどのように質的に異なるのだろうか。

印としての罪悪感

「汚れ」という比喩にはさまざまな暗示がある。行為主体は、手を汚す行為によってもはや自分が純真無垢でなくなってしまったことを自覚する。その汚れは行為それ自体というよりは、その行為を選んだ行為主体に付着するものであり、それは外面的にも認識可能である。同時に、付着した汚れは塵《ちり》や埃《ほこり》とは異なり、単に手を振っただけでは落ちそうにない。いったん手を汚した以上、汚れを落とすためには、手を水で洗うなどの意識的な努力が必要になるだろう。

手を汚すことの古典的事例は聖書の記述にある。ローマ帝国のユダヤ属州総督ポンティオ・ピラトは、宗教指導者によって焚きつけられた民衆からの要求に圧迫されて、やむなくイエス・キリストを処刑することを承認した。その際彼は「水を持って来させ、群衆の前で手を洗って言った。「この人の血について、わたしには責任がない。お前たちの問題だ」」（「マタイによる福音書」二七：二四）。ピラトはここで、意識的にか無意識的にか、手を水で洗うという象徴的な動作をしている。彼は無辜《むこ》の者を刑に処すという罪を犯したことを自覚していたのだ。

そこで、汚れた手の印として、行為主体の心に生じる罪悪感《ギルト》に注目しよう。罪悪感とは、行為主体が自らが間違ったことをしたと感じたときに抱く否定的な評価のことであり、間違ったことが他人ではなく自分によって引き起こされたときに生じる。例えば、エドレルが自分の手の「汚れ」を自覚するとき、それを後悔するかどうかはともかく、何らかの罪の意識が働いているはずだ。第1章1節で取り上げた、悲劇的選択を含むジレンマ状況と汚れた手問題の違いを、ウォルツァーは次のように説明している（「政治行為と「汚れた手」という問題」四九五頁）。

私は単に、……彼が後悔する、ひどく後悔するということを言っているのではない。もし彼が私の想像しているような善人であるとすれば、彼は罪の意識をもつだろう。つまり、彼は自分自身を有罪だと思うだろう。それが、手を汚すということの意味するものなのだ。

ここで公職者が犯す罪とは何だろうか。論者のあいだであまり定説はない。筆者自身は、提題者に忠実な仕方で、すなわちウォルツァーがサルトルの戯曲名を借りてこの問題を定式化した際の意図に照らし合わせて理解したい。すなわちそれは、功利主義と義務論という、本書ではすでにお馴染みの対立である。汚れた手問題において、行為主体は一方で功利主義的観点から最善の結果を導くように行為すべきだが、他方で一定の行為を禁じる義務論的制約にも縛られている。この制約を悪いと知りつつあえて乗り越えるとき、行為主体の手は汚れるのだ。

事例ごとに検討してみよう。はじめに、エドレルがつく嘘という比較的日常的な事例である。嘘には固有の悪性がある。なぜならそれは、相手に対して真実を吟味し、判断する機会を与えないという点で、相手を物言わぬ物件として扱っているからだ。それは相手を自分の意のままに操ろうとする、相手の人格に対する一種の乗っ取りである。嘘をつくことによって、行為主体は**手段原理**という義務論的制約に背くがゆえに、行為主体の手は汚れる。イマニュエル・カントが言うように（『道徳形而上学の基礎づけ』九八頁）、

> 他人に対して偽りの約束をしようと考えている者は、他人をたんに手段として利用しよ

うとしているのであり、相手を同時に目的を含むものとしては扱っていない、……なぜなら、私がそのような偽りの約束によって自分の意図のために利用しようとしている当の相手が、彼に対する私の振る舞い方に同意することなどはあり得ず、したがって当人自身がこの行為の目的を含むようになることもあり得ないからである。

エドレルが騙しの工作をも辞さないことは、こうした意味で罪深い。彼は、たとえ政党にとって、あるいは国家全体にとって重大目的だとしても、党内の同胞を目的達成のための通過点としてしか考えていないのだ。それはユゴーがエドレルに、次のように詰め寄るところにも表れている。「あなたは資本主義経済の枠内で、各階級の協力政策を実現するため、党を利用しようとしている。長い年月の間、あなたは欺き、詭計を用い、いい抜けをし、陰謀を事とされるでしょう」（『汚れた手』九二頁）。

もちろん、すべての嘘が罪深いわけではない。いわゆる「白い嘘」もある。例えば、友人からお薦めのお菓子をプレゼントされたが、美味しくなかった。あとで感想を聞かれたので、正直に答える代わりに、「美味しかったよ」と嘘をついた。この種の嘘が許されるのは、それが相手を目的達成のための単なる手段として利用しているわけではないからだろう。仮にそれが嘘だったことがのちに判明したとしても、その理由——友人を傷つけたくなかった、好意に応えたかった――を伝えれば、多分その友人も納得してくれるはずである。

次に、手を汚すことの例外的な事例として、〈時限爆弾〉における拷問を取り上げよう。拷問はそれ自体が非人道的処遇として、国際法上も国内法上も、「いかなる例外的な事態」においても「絶対に」禁じられる行為である（本書七九頁）。こうした義務は、相関する拷問されない権利を伴う。第3章2節で示した区別に従えば、拷問されない権利の侵害はつねに不当侵害《バイオレーション》である。拷問を指示・実行することで、こうした義務論的制約に背くがゆえに、行為主体の手は汚れる。

〈時限爆弾〉のテロ容疑者は拷問されない権利をもつのだろうか。そもそも、テロ容疑者が爆弾を仕掛けたところから問題が生じたのではないか。だとすれば、たとえ拷問されたとしても、それは自らの行為が招いたことではないか。しかし、拷問という行為それ自体の悪性は、行為対象の帰責性によって減じられはするが、消えることはない。実際、ダシュナー事件では、子どもの命を救うために拷問の脅迫をしたダシュナーに対して、裁判所は、それが基本法一条の尊厳の理念に反するものだとして有罪判決を下した。

これに関連して、カントは次のように言っている（『人倫の形而上学　二』一九三頁）。

私は悪徳のひとに対してであっても、そのひとが人間であるかぎり、すべての尊敬を拒むことはできない。もっともその悪徳のひとはたしかに、自分の所為によって、自分をその尊敬に値しない者としているのではあるけれども、この尊敬は悪徳のひとから、すくなくとも人間であるという資格において、奪い去ることができないものなのである。

まとめると、義務論的制約は、たとえそれが功利主義的観点から最善の結果を導くとしても、結果が何であれ一定の行為を禁じる。エドレルが党内の同胞を騙すとき、あるいは当局者がテロ容疑者を拷問するとき、この制約が侵害されている。こうした行為は、単なる「悪さ加減の選択」以上に、行為主体の手を汚す。それは行為主体にとってこそ、自分と同じ人間を、扱ってはならない仕方で扱ったことに対する罪悪感をもたらすのである。「汚れ」という比喩に含まれる固有の悪性は、こうした観点から理解できる。

3　いつ手を汚すか

二〇〇一年のアメリカ同時多発テロ事件以降、民主主義社会においてさえ、当局者が手を汚す問題があらためて現実のものとなった。アメリカが国外のテロ容疑者をグアンタナモ基地やアブグレイブ刑務所に収容したうえ、拷問や虐待としか言いようのない尋問を行っていたことが明らかになり、国内的・国際的非難が向けられたのだ。汚れた手問題は、単なる仮定上の問題として脇に置いておくにはあまりにも重大である。仮に〈時限爆弾〉に類似した事例が現実に生じた場合、私たちは手を汚すべきなのか、べきでないのか。もし前者であるならば、それはどのようにしてか。

指針①――絶対主義

ひとつの指針は、いかなる場合であれ手を汚す選択を許さないことである。義務論的制約は、結果が何であれ嘘や拷問のような一定の行為を禁じる。ここでの「何であれ」を文字通り受けとってよいものだろうか。一部の義務論者は、それを文字通り受けとる。例えばカントによれば、義務論的要請は理性の命令であり、人間存在の価値の基盤であるため、その効力には際限がない。「たとえ天が落ちるとも正義をなせ」がカントの結論であり、それは次の言葉に表されている（『人倫の形而上学　一』二九五頁）。

幸福論の曲がりくねった道を這いまわる連中には災いあれ！……連中が従うものといえば、例のパリサイ派の格言《ひとりの人間が死ぬほうが、全人民が滅びるよりはよい》なのである。だがそもそも正義が滅びるなら、人間が地上に生きることにはもはやなんの価値もない。

これはあまりにも厳格すぎるように思われるかもしれない。逆に人間が滅びてもなお、正義それ自体が地上に生き延びるとでもいうのだろうか。これまで本書で見てきたように、規範的要請は義務論一辺倒ではない。義務論的制約を文字通り絶対的なものとして受けとれば、私たちの選択の指針はあまりにも狭隘《きょうあい》なものになってしまうだろう。むしろ汚れた手問題は、義務論に理解を示しつつも、同時にそれと功利主義を何らかの仕方で調停する道を探るように私たちを促している。

再確認すると、行為主体は一方で功利主義的観点から最善の結果を導くように行為すべきだが、他方で一定の行為を禁じる義務論的制約にも縛られており、この制約を悪いと知りつつあえて乗り越えたとき、行為主体の手は汚れる。この瞬間に、規範的要請には何が起きているのか。二つのことを確認する必要がある。第一に、義務論的制約の絶対性はどのように担保されるのか。第二に、絶対的であるはずの制約はどのように解除されるのか。功利主義と義務論のそれぞれから、汚れた手問題に取り組むための二つの学説を取り上げよう。

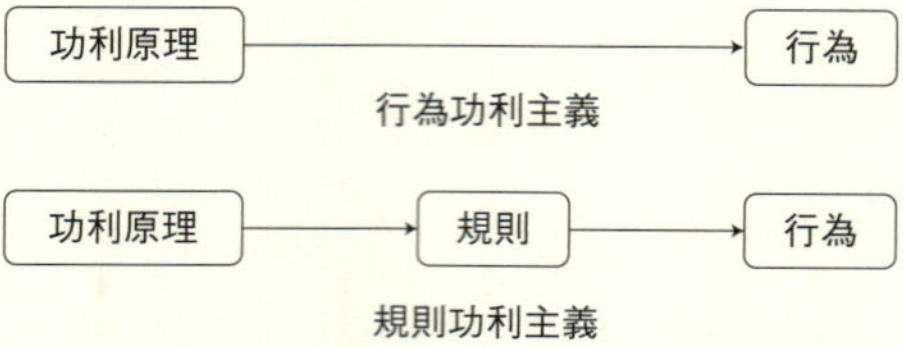

図5－2　行為功利主義／規則功利主義の構造

指針②――規則功利主義

別の指針は、功利主義の適用対象を、個々の行為ではなく一般的規則であると考えることだ。一方で「行為《アクト》功利主義」は、個々の行為に対して最大多数の最大幸福の実現を求める。他方で「規則《ルール》功利主義」は、個々の行為が属する一般的規則に対して最大多数の最大幸福の実現を求める。後者においては、はじめに功利原理との一致が規則の正しさを保証し、次に規則との一致が行為の正しさを保証する。いったん規則が確立されれば、ジレンマ状況において行為主体は、功利原理ではなく規則を参照して行為することができる（図5－2）。

　行為の次元と規則の次元に適用されることで、功利主義は異なった結論を導きうる。例えば、〈時限爆弾〉でテロ容疑者を拷問することは、一度きりの行為としては最善の結果をもたらしうる。しかし、もしそうした行為が通例になってしまえば、私たちは、さまざまな場面で拷問の可能性に脅かされるようになるかもしれない。このような社会に住むことは私たちにとって耐えがたい。それゆえ、たとえ一度きりの行為に関しては柔軟性が欠けるように見えたとしても、拷問を禁じる義務論的制約を一般的規則として確立することは、長期的に効用を最大化するはずだ。行為主体自身にとっても、選択の指針として、功利原理を参照するよりも規則を参照するほうがメリットが大きい。その都度の行為選択に際して最大多数の最大幸福を目指すことは認知的負担が大きい。そのためには、厳密さの程度はともかく、その行為が及ぼす範囲について、見込まれる正の効用と負の効用を見積もり、総合的に正の効用が高いことを確認できなければならない。それに対して、「〜するな！」「〜しなさい！」といった単純な規則に従うことは思考の節約に繋がる。

規則功利主義は、手を汚す選択に対して行為主体が罪悪感を抱くという現象をうまく捉えられる。一方で行為功利主義の観点では、罪を犯すことも含めて、行為主体は個々の場面で限られた選択肢のなかで最善を尽くしただけであり、罪悪感を感じる理由はない。他方で規則功利主義の観点では、規則を内面化した行為主体にとって、規則は規則である。たとえ必要に迫られて規則に背いたとしても、規則違反に対する強い心理的抵抗感を感じるのももっともである。

規則功利主義の難点は、規則に対する例外が、たとえ稀にであれ必ず生じてしまうことだ。〈時限爆弾〉の場合、想定される被害の規模を拡大していけば（仮説的シナリオとしては、被害の規模を大きく見積もることは幾らでも可能である）、たとえどれほどの長期的効用をもってしても、ある規則を守ることが功利主義に反してしまう事態を想定することは、原理的には排除できない。こうした場合にもなお規則に固執するならば、それは「規則崇拝」であって、もはや功利主義とは呼べないのではないか。

規則それ自体に工夫を加えてはどうだろうか。こうした例外的事態を規則内部で捕捉するために、規則をさらに特定化・詳細化していくのである。例えば、拷問を禁じる日本国憲法の条文（本書七九頁）に、「公務員による拷問及び残虐な刑罰は、それが大惨事の発生を防ぐために必要不可欠でないかぎり、絶対にこれを禁ずる」といった但し書きを付け加えたらどうか。例外を取り込むように規則を特定化・詳細化していけば、例外状況であっても規則を通じて功利主義と矛盾しない選択が導けそうである。

しかし、こうした提案は依然として不安定である。確かに、もし例外が生じるたびにそれを規則に書き加えていくならば、行為功利主義と規則功利主義は外延的に等しくなるだろう。ただし、このようにして作成される、例外事項が延々と続く規則が内容的に言っていることは、結局のところ「最大多数の最大幸福を実現せよ」であり、大元にある功利原理を迂遠的に言い換えただけである。加えて、このように規則を次々と特定化・詳細化していくと、思考の節約という規則功利主義のメリットが台無しになるかもしれない。

指針③――閾値義務論

それでは、義務論の立場から功利主義と義務論を調停してはどうか。絶対主義的でない義務論は、義務論的制約がどこかの地点で限界を迎えることを容認する。こうした限界の存在を認める立場は「閾《スレッショルド》値義務論」と呼ばれる。いったんその閾値《いきち》を超えると、功利主義と義務論の優先性が入れ替わる。義務論は功利主義を制約するが、逆に功利主義も義務論を制約するのだ。トマス・ネーゲルとウォルツァーは、次のように言ってこの指針を表明している（「戦争と大量虐殺」八二頁、『正しい戦争と不正な戦争』四二八頁～）。

功利主義に陥ることなしに、絶対主義ほど厳格でない義務論的立場をとることもまた可能ではあろう。……罪なき人を意図して殺すことは、その殺人が非常に大きな悪（たとえば五〇人の罪のない人々の死など）を防ぐ唯一の方法である場合以外には許されない、という立場をとることであろう。これを、殺人の禁止が踏み越えられる閾値と呼ぶことにしよう。

絶対主義の直前で立ち止まり、……私が擁護しようとしているもうひとつの代替理論がある。それは次のような格言に集約されるだろう。「天が（本当に）落ちてこない限り、正義を行うべし」。これは極限状況での功利主義である。……私が議論しようとしているのは、これらの権利が切り崩されたり蝕まれたりしてはならず、いかなるものもそれらを傷つけられないということである。だからこそ権利は乗り越えられなければならない。

閾値を、水を堰《せ》き止めるダムのようなものとして捉えるとよいだろう。無辜の者の意図的加害や拷問のように、私たちが絶対的に犯してはならない一連の行為規範が存在する。閾値未満においては、義務論的考慮が功利主義的考慮を乗り越える。結果の善悪は、カウントされるものの判断に影響しない。しかしながら、いったん閾値を超えると、水位が上がってダムから溢れる水のごとく、逆に功利主義的考慮が義務論的考慮を乗り越える。閾値の前後で優先性が入れ替わることで、対立する複数の規範的要請が調停されているのだ。

閾値義務論の要点は、閾値を超える以前と同様に、閾値を超えた以後も、閾値が残り続ける——それゆえ、ある観点においてその行為は義務違反としてカウントされ続ける——という点にある。もし閾値の前後で行為主体が義務論者から功利主義者に一変するのであれば、「汚れ」という比喩に含まれる固有の悪性が理解できないだろう。しかし、水がダムから溢れても、義務論的制約という名のダムが決壊するわけではない。閾値を超えてもなおダムは水中に存在し続け、水が引けばふたたび姿を現す。

　閾値義務論もまた、手を汚す選択に対して行為主体が罪悪感を抱くという現象をうまく捉えられる。〈時限爆弾〉で当局者が拷問を指示・実行したことは、確かに状況に迫られた苦渋の決断だったかもしれない。しかし同時に、大惨事を回避するために拷問したことは正しかったと胸を張ることも決してできない。ウォルツァーが言うように、「道徳的信念それ自体や正しいと信じられているルールはただ乗り越えられるだけであり、正しいことをするために進んでなした悪のその重さをその人に負わせ、決定が下されたのちにさえもその痛みを残してゆく」のだ（「政治行為と「汚れた手」という問題」五〇四頁）。

　閾値義務論の難点は、閾値の設定が恣意的になりうることだ。例えばネーゲルは、意図的加害の禁止が乗り越えられる限界点として、「五〇人の罪のない人々の死」を挙げている。なぜ二〇人でも、一〇〇人でもなく、五〇人なのか。万人が納得する数字はおそらくありえない。加えて、閾値の直前までは一人の命がまったく行為選択に反映されないのに、閾値の直後からは同じ一人の命が行為選択を一変させるというのも奇妙に見える。四九人目と五〇人目の違いは何なのか。それゆえ、ここでの閾値は一定の幅をもったグラデーションとして理解すべきかもしれない。

制度化の問題

繰り返すと、汚れた手問題は、政治における「悪さ加減の選択」のいわば極例である。最後に、この種の事例を現実のテストケースとすることへの警戒で締めくくろう。公職者による嘘や拷問のような不正が例外的に許されるという前提が、そもそも非現実的なのである。こうした行為は実際には専門的な訓練やテクニックを必要とし、いったん導入されるなら、秘密警察のような専門家や専門機関の登場を通じて政治文化の幅広い場面を蝕むだろう。アムネスティ・インターナショナルは、拷問廃止国際会議の報告書で次のように言っている（『現代の拷問』三六頁）。

拷問は決して「一度きり」で終らない、「一度きり」から「もう一度」にかならず変り、さらにそれが癖になり、ついにはしきたりになる、とは歴史の示す通りである。……アルジェリアの例が典型的な例である。拷問は一定の制約の下に着手されたのだが、やがてそれが見さかいのない地獄図絵に広がっていった。……拷問はいって見ればガンであり、社会組織体の内部にひろがってゆく。拷問の行為は社会全体から切り離すことはできないものである。

本書「はじめに」でも触れたように、確かに難事件は悪法を作る。難事件とその解決に理論的に取り組むことは重要であるし、政治哲学の本領や手腕はそこで発揮される。ただし、そこで提示された理論的解決が実践的にどのような意味や影響をもつかもまた、この問題に関心をもつ書き手と読み手に向けて問いかけられている。実践的問題としては、手を汚す選択をした本人および周囲や社会が、その責任に対して事後的にどう向き合うべきかも考える必要があるだろう。これについては第8章で取り上げよう。

4　まとめ――サルトルと現実政治

『汚れた手』の作者自身は、明らかにユゴーよりもエドレルに共感している（ジャンソン『サルトル』七三頁～）。とはいえ、ブルジョア知識人の家庭で育ち、マルクス主義を通じて共産党を支持する政治活動に傾倒していったサルトルの現実の立場は、ユゴーの人物配置のほうにこそ投影されていると見えなくもない。彼はその後、スターリン期ソ連の実態が明らかになるにつれて離れていった多くのフランス知識人とは裏腹に、むしろ共産党支持を明確にしていくことになる。

サルトルはまた、次第に深刻化するアルジェリア問題についても関与を深めていく。フランスの植民地支配を激しく批判し、国内でFLNを支援することを公然と擁護したのだ。サルトルは黒人差別を糾弾した思想家フランツ・ファノンの『地に呪われたる者』に寄せた序文で、被植民地人の思いを代弁する――「おれたちの唯一の義務、唯一の目標、それはあらゆる手段をあげて植民地主義を追い払うことだ」（二一頁）。こうした経緯から、サルトルはアルジェリア側の暴力闘争を肯定する思想に共感的なメッセージを送っていると受けとめられた。

政治の世界において、手を汚すことへの誘惑は強い。サルトルが言うように、「政治家は、ひとりで放っておかれれば、いつも最も手軽な手段を取る。すなわち、坂を降ってゆく」（『文学とは何か』二七一頁）。滑り坂を滑り始めて取り返しがつかなくなることを、私たちは何よりも恐れるべきである。汚れた手問題は逆説的に、汚れを汚れとして認識し、政治の世界をそれでもできるかぎり綺麗に保たなければならないことを教えている――あまりにも汚れがひどくなりすぎて、どこにその境目があるかも見えなくなってしまわないように。

第6章　自国と世界——ジェリビー夫人の望遠鏡的博愛

一九世紀ヴィクトリア時代のイギリスを舞台としたチャールズ・ディケンズの小説『荒涼館』(一八五二～五三年)では、実子を等閑《なおざり》にしてアフリカの慈善事業に邁進する四〇代半ばのジェリビー夫人が登場する。彼女はそのために慌ただしく会合に出席し、毎日大量の手紙を書いている。伝統的・保守的なジェンダー規範のもと、女性の社会活動が限定されていた当時、慈善活動は女性にとって社会と関係をもつためのひとつの実践だったようだ。

その一方で、ジェリビー夫人の実子は悲惨な境遇に置かれている。家のなかは散らかって汚れ、手入れのされないままである。子どもの身なりも乱れ、古びている。それどころか彼女は、わが子が家の階段を転がり落ちても、さらには数時間のあいだ迷子で行方不明になっても、一向に気にせず平然としている。小説の主人公エスター・サマソンは、後見人から呼ばれて上京した最初の晩を夫人の家で過ごすのだが、その子どもたちが陥っている窮状に心

図6－1 「望遠鏡的博愛」を描いた風刺画（松村『『パンチ』素描集』179頁） ロンドンの浮浪児が母なるブリタニアに訴える、「お願い、かあさん、ぼくたちこんなに黒いのに、まだかまってもらえないの？」

を痛める。

　一泊したエスターと親交をもったのが、ジェリビー夫人の上の娘キャディである。彼女もまた、日夜慈善事業に取り組む母親の手伝いばかりさせられている。彼女はエスターに対して、次のように身の上を嘆く。「みっともないでしょ。そうよね？ この家ぜんぶがみっともない。子どもたちもみっともないし、わたしもみっともない」（一一四頁）。別の場面では、次のように母親をなじる。「ママの親としてのつとめはどうなの？ なにもかもが世間さまとアフリカのために犠牲になってるじゃない！」（一二二頁）。

　エスターいわく、ジェリビー夫人の「目はふしぎなぐあいにいつもとおいところをみているような感じ」だった（九六頁）――まるでアフリカより近いところは目に入らないかのように。こうした状況を、ディケンズは皮肉を込めて「望遠鏡的博愛」と名づけている。この皮肉の背景には、私たちは本来、遠くにいる人よりも近くにいる人に対して、率先して配慮すべきだという直観がある。家族を顧みない彼女の薄情な博愛精神を通じて、私たちが近親者により大きな責任を負っていることが描かれているのだ。

それでは、同じ直観は近親者のみならず、自国民にも及ぶものだろうか。一方で、私たちは現在、自国民同士で支え合いの制度枠組みをもっている。失業すれば失業保険があるし、子育てや就業などを支援する各種の給付金もあるし、困窮者に対する生活保護もある。実際、現代日本では、こうした社会保障関係費は一般会計予算の三割以上を占めている。グローバル化が進む現代社会においても、困窮者のうち誰に対して手を差し伸べるかをめぐって、私たちの関心は普通率先して自国民に向かうのだ。

他方で、世界に目を向けると、世界的貧困の実態は驚くべきものである。最低限の栄養、衣類、住まいのニーズが満たされていない極度の貧困状態に置かれた人々は約七億人おり、そのうち半数以上を一八歳未満の子どもが占めている。こうした人々はサブサハラ・アフリカ地域や南アジア地域に集中しており、全体の八割以上にのぼる（世界銀行の報告より）。国外の困窮者が、多くの場合国内の困窮者よりも深刻な状態に置かれているのに、国内にばかり目を向けていてよいのだろうか。ここには、以下のような「悪さ加減の選択」がある。

選択1　自国民を優先して他国民を後回しにする
選択2　他国民を優先して自国民を後回しにする

本章の考察を通じて浮かび上がるのが、マシな悪の倫理とは異なる規範の余地である。第1章3節で見たように、この倫理の特徴のひとつは、それが行為の正否を、特定の利害に偏らない不偏的観点から評価していることである。しかしともすれば、それはわが子のような自分と特別な関係にある者の困窮すら蔑ろ《ないがし》にしかねないジェリビー夫人の「望遠鏡的博愛」のようにも映る。本章では、こうした家族への配慮と並んで、自国民への配慮に妥当性があるかどうかを探っていく。

1　一般義務と特別義務

第4章2節では消極的義務と積極的義務を区別した。再確認すると、消極的義務は不作為《オミッション》、すなわち行為主体に対して何らかの行為を差し控えることを求める。その一方で、積極的義務は作為《コミッション》、すなわち行為主体に対して何らかの行為を行うことを求める。無危害の義務は消極的義務の一種であり、善行の義務は積極的義務の一種である。国内外の困窮者に対してどのように手を差し伸べるかという問題は、私たちに対して作為を求める積極的義務の一例である。

不偏的観点・再考

私たちの困窮者に対する関心が相対的に国外よりも国内に偏っているのは事実である。確かに世界にも困窮者はいるが、それは自国でも同様である。国内の困窮者を差し置いて、私たちの税金をどこかの見知らぬ他人の支援に向けるなどあってはならない、というわけだ。その一方で、こうした偏向性は近視眼的にも見える。人々が陥る困窮は、国籍や国境によって違うとでも言うのだろうか。人間の苦しみを前にして、国籍や国境のような恣意的な違いに基づく区別は場違いであるかもしれない。

倫理学者のピーター・シンガーは、以下の思考実験を通じて、世界的貧困問題に対処する私たちの義務を訴えている（『あなたが救える命』三頁〜、『飢えと豊かさと道徳』五頁〜）。

〈溺れる子ども〉：行為主体が池の傍を歩いて通り過ぎようとしたときに、池で子どもが溺れているのを見かけた。池に入れば、着ている服は泥だらけになるだろう。その人は池に入ってその子を救うべきか。

もちろん、救うべきである。子ども一人の命に比べれば、服が汚れることなど何でもない。私たちが池で溺れている子どもを見たとき、こうした些細な負担を気にして、救えるのに飛び込んで救いに行かないのは不正である。シンガーに言わせれば、世界的貧困問題でも事情は同じである。私たちは比較的些細な寄付を通じて、別の誰かを死の淵から救うことができる。富裕国が一定の寄付さえ拠出すれば、世界で生じている人道的危機の相当部分を解決することができるとき、そうしないのは不正である。

これは、シンガーが依拠する功利主義から導かれる。功利主義は行為が最大多数の最大幸福に資することを求める。ところで、財の一単位分の追加が新たにもたらす効用、すなわち限界効用は、所有量が増えるにつれて逓減《ていげん》する（限界効用逓減の法則）。富裕国民はすでに財を多くもつので限界効用は高くないが、貧窮国民はいまだ財に恵まれないので限界効用は高い。そこで、財が富裕国から貧窮国へと再分配されるに従って、全体としての幸福量は増大するだろう。富裕国民が些細な贅沢を我慢することで、貧窮国民の状況を大幅に改善できるなら、そうする義務がある。

シンガーの議論は、徹頭徹尾不偏的観点から組み立てられている。功利主義が評価基準とする効用や幸福に国籍や国境はない。物理的・心理的な近さは、支援の是非を考えるにあたり、考慮に入れる必要もないし、入れるべきでもない。人々はそうすることによって自分やその近親者と相手が同じ限界効用の水準に至るまで、より貧しい他国民に対して支援を続けるべきである。「ある人が我々から遠く離れたところにいる（すなわち、我々がその人から遠く離れたところにいる）からといって、それだけの理由でその人を差別することはできない」のだ（『飢えと豊かさと道徳』七頁）。

偏向的観点・再考

シンガーの議論には「望遠鏡的博愛」の気配が感じられなくもない。それを論理的に突き詰めれば、例えば世界中のすべての子どもが学校に行けるようになるまで、私たちはわが子を大学に行かせたりするような「贅沢」さえ許されなくなってしまうかもしれない。第2章1節で見たように、私たちは自然傾向として、近親者により大きな関心と配慮を抱くものだ。私たちの視野が、近いものは大きく、遠いものは小さく見える遠近法に従うように、私たちの規範的視野も、近いものに強い配慮を向け、遠いものに弱い配慮を向けるようにできている。

エスターは、後見人からジェリビー夫人のわが子に対する扱いについてどう思ったかを尋ねられて、躊躇《ためら》いながら次のように答えている（『荒涼館』一五七頁）。

だれでもまず一番にかんがえねばならないのはじぶんの家のことではないでしょうか。そこがぞんざいでおろそかになっていては、ほかのどんなつとめをはたしても埋めあわせはできないとおもいます。

実際、規範的要請がつねに不偏不党でなければならないというわけではない。例えば、親が子どもに対して示す配慮や、友人が相手に対して示す配慮など、特別な関係に基づいて生じる義務は日常的に存在する。親がわが子の扶養を放棄したり、友人が相手の苦境を放置したりして見知らぬ他人を優先するならば、それこそ倫理に悖《もと》るだろう。家族の愛情や友人の友情は見知らぬ他人を排した特別な関係にのみ生じ、かつその特別性はその関係性の本質である。「私にとって貴方の重要性は見知らぬ他人と同列だよ」と言うかぎり、その人と愛情や友情を育むことは難しいだろう。

そこで、義務の範囲に照らして二つの義務を区別しよう。一方で「一般義務《ジェネラル》」とは、ある集団に属する人々のあいだで一律に適用される義務である。他方で「特別義務《スペシャル》」とは、ある集団に属する人々のあいだで一部の人にのみ適用される義務である。例えば、節度やマナーをもって接することは、私たちが見知らぬ他人も含めた誰しもに負っている一般義務である。家族関係や友人関係のような特別な関係は、こうした一般義務に上乗せして、行為主体が行為対象に対して、扶養や気配りといったさらなる特別義務を果たすように求めるのだ。

偏向テーゼ

本章で想定する「集団」は国際社会である。そこで、一般義務の射程は国籍や国境を越えて世界の人々全員を包含するのに対して、特別義務の射程は国籍や国境を同じくする人に対してのみ向けられる。国内外の困窮者に対してどのように手を差し伸べるかという積極的義務について考えてみよう。困窮者は世界にも存在しているが、国内にも存在している。もし国家が、家族関係や友人関係と同様の特別な関係であるならば、私たちは困窮する他国民よりも困窮する自国民に対して率先して手を差し伸べる特別義務があるだろう。これを**偏向テーゼ**と呼ぼう。すなわち、

偏向テーゼ：積極的義務を果たす場合、特別な関係にある者への義務はない者への義務より重大である

すると、公職者が自国ファーストであることにも相応の理由があるだろう。例えば、ディケンズと同時代の政治家パーマストン卿は、一八四八年のフランス二月革命の発生を受けてヨーロッパ中が揺れるなか、「イギリスには永遠の同盟国もなければ、永遠の敵対国もない。イギリスの利益こそが永遠であって、不滅なのだ」という有名な言葉を残した（佐々木・木畑『イギリス外交史』九頁重引）。公職者は自国民によって選ばれたのだから、自国民の利益に忠誠を尽くすべきだという理屈は、それ自体的を射ていないわけではない。

ここで、公職者に課せられた二重の役割を混同しないように注意しよう。一方で国内社会においては、公職者は自分と自分が代表する国民との関係において厳格に不偏的でなければならず、身内贔屓《びいき》をすることはできない。他方で国際社会においては、自分が代表する自国民と他国民との関係において偏向的になれるし、むしろそうなるべきだとされている。そのかぎりで、とりわけ対外政策に関して、公職者は世界にとっての善い結果ではなく、自国にとっての善い結果を追求するのだ。

このように、配慮の視点は見方によって変わる。なぜなら、視点を変えれば、不偏的に見えたものが偏向的に、逆に偏向的に見えたものが不偏的に捉えられるからである。公職者が自国ファーストであることは、国内社会では（家族に対して）不偏的であるが、国際社会では（他国民に対して）偏向的である。偏向的観点／不偏的観点は、こうしてしばしば入れ子状に組み合わさっており、同じ政治的判断をどのような関係のもとに置くかによって、それが不偏的であるか偏向的であるかが決まってくる。

２　特別義務の理由

偏向テーゼにはさらに補足すべき点がある。家族や友人と特別な関係を取り結ぶことは私たちにとって身近である。その一方で、私たちが自国民同士で特別な関係を取り結ぶことの意味はそれほど自明ではない。国家は、特別な関係というにはあまりにも巨大であるし、あまりにも抽象的であるように思われる。ここでは、国家がなぜ家族関係や友人関係と同様に、私たちにとって特別義務を生み出す存在だと言えるのか、三つの議論を挙げてみよう。

理由①――道具的議論

第一の議論は、国家が備える道具的側面に注目することである。功利主義者のロバート・グッディンは「割当責任」論を唱える。そもそも積極的義務もまた、義務である以上、本来は一般的である。しかしながら、万人が万人に対して義務を負うよりも、特定の人が特定の人に対して義務を負うほうが効率的であることが多い。それは、生物学的繋がりに基づく核家族制度のもと、子どもの扶養義務を個々の親に個別に割り当てるようなものだ。それゆえ、特別義務の実態は、機能上範囲が狭められた、分割された一般義務である。

義務を分割することのメリットは幾つもある。第一に、専門化と分業が進むことは、仕事をより多く、より効率的に果たすことに役立つだろう。第二に、義務の射程が限定されることで、情報費用や取引費用を引き下げることができるだろう。第三に、特定の保護者と被護者を結びつけることは、安心感や信頼感の面で心理的によい結果をもたらすだろう。それゆえ、本来一般的であるところの積極的義務は、個々の国家に個別に割り当てたほうが望ましい結果をもたらしうる。

国際社会を分割している主権国家体制は、こうしたメリットのもと、保護者と被護者をマッチングさせるための便宜的装置として見なされる。人々に付与される国籍や、自国（民）に対して心理的に抱くナショナリズムもまた、分割された一般義務を遂行するための仕掛けである。このように、「経済におけると同様に、道徳においても専門化には固有の利点がある。……すると、一方では家族内の、他方では国民内の道徳的に「特別な関係」が浮上することになる」（グーディン「正義のグローバル化」七三頁）。

その裏面として、割当責任論に基づけば、私たちの特別義務の基盤はそれほど確固としたものではない。特別義務に特別なものは本来何もないため、もし一般義務に背くなら、無効とされるべきである。実際、いわゆる失敗国家（破綻国家）の例が示すように、すべての国家が自国民にとって最善ではない。それは、子どもの虐待やネグレクトが親権の適格性を疑わせるのと同様である。すると、この議論に基づけば、現在世界中に存在する、少なくない国家が国家として不適格の烙印を押されるかもしれない。

理由②――制度的議論

第二の議論は、国家が備える制度的側面に注目することである。この議論は、「正義は社会の諸制度がまずもって発揮すべき効能である」というジョン・ロールズの主張を出発点とする（『正義論』六頁）。ロールズによれば、社会とは社会的協働のシステムである。「社会的協働」とは要するに、私たちの暮らし向きは、孤立して生きるよりも社会内で生きるほうが総体的により良くなるということ、その意味で私たちは自足しているのではなく、他者に依存しているということだ。

社会的協働に加わることは、私たちに便益をもたらすが、同時に負担ももたらす。そこで社会的協働は、便益と負担の分配のルールとして一定の正義を必要とするのだ。具体的に私たちは、勤労の義務や納税の義務（あるいは国によっては兵役の義務）のような制度枠組みを通じて、便益とともに負担についても互いの存在によって互いを支え合う。こうした支え合いの実践として、制度枠組みを基盤とする社会的協働にともに加わる人々同士で特別義務が形成される。

その一方で、社会的協働が国内社会と同じ水準で、国際社会でも成立しているとはいえない。なぜならそこには、通常は国家によって提供される、社会的協働に必要な制度枠組みが欠けているからである。海外援助がしばしば喚起する「私たちの税金を云々」論の背景には、社会的協働の内側と外側という領界意識が働いている。すなわちそれは、国民の義務のような制度枠組みを通じて、互いの存在によって互いを支え合う互恵性からの逸脱であるように感じられるのだ。

ただし、社会的協働が国内外で決定的に異なっているかどうかは自明ではない。例えば、世界的貿易システムのもとで商品を生産・取引することは、社会的協働の一種とはいえないだろうか。身の回りを見ればすぐにわかるように、私たちの生活は今や、他国の存在や他国との関係なしには成り立たない。チャールズ・ベイツは、「国境は社会的協働の範囲とは一致せず、社会的義務の限界を明確に区切るものではない」と言う(『国際秩序と正義』二二四頁)。その場合、自国民と他国民の違いはもしあったとしても程度問題になるだろう。

最後の議論は、国家が備える関係的側面に注目することである。私たちは関係性から生まれる一定の義務を負っている。例えば、親子関係は子どもを適切に扶養する義務を伴い、友人関係は友人の苦境に気配りする義務を伴う。「関係的責務《アソシエーティヴ》」とは、自発的か否か、また互恵的か否かにかかわらず、何らかの集団の構成員であることから生まれる義務である。このような義務を互いに負うことは、構成員であることの意味の一部である。国家も関係性の一種であり、私たちはその構成員として互いに配慮する特別義務を負っている。コミュニタリアニズム（共同体主義）の論者は、関係的責務論を採用して自国民への特別義務を正当化することが多い（サンデル『これからの「正義」の話をしよう』三五四頁～、ミラー『国際正義とは何か』四三頁～）。

たとえば、二人の子供が溺れていて、一人しか助ける時間がないとしよう。一人はあなたの子供、もう一人は赤の他人の子供だ。自分の子供を助けるのは間違っているだろうか。……おおかたの人は、自分の子供を助けてどこが悪いと言い、公平を期するためコインを投げるべきだと考えるのはおかしいと思うだろう。この反応の陰にあるのは、親にはわが子の幸せに対する特別な責任があるという考えだ。

根底的なレベルでの特別な義務は、本質的に価値のある関係からのみ生じる。さらに、この義務は義務が一般に認められなくなるならば関係が存在できないという意味で、関係に不可欠なものであるに違いない。……友人であることとは、自分の生活においてある種の優先権を友人に与えることを意味している点を理解していないならば、だれかの友人にはなりえない。

議論は次に、自国民同士の関係も同様の関係的責務を伴うはずだと類推する。自国民は同じ国家の構成員であり、それは家族関係や友人関係と同様に、互いを特別に扱うべき理由になる。部外者の利益よりも構成員の利益に対してより大きな重みを与えるというのが、こうした社会関係にあることとの本質的要素である。もし自国民への特別義務を否定すれば、同様の社会関係である家族や友人への特別義務も否定せざるをえないというわけだ。

ここでの問題は、はたして国家が、家族や友人と同様の特別な関係を構成していると言えるかどうかである。私たちは自国民の大半と、家族や友人に匹敵するような社会関係を取り結ぶわけではない。なぜ国内にいる見知らぬ他人が、私にとって特別だと言えるのか。逆に、こうした見知らぬ他人と同胞意識を抱くことができるなら、なぜその同胞意識を一国を越えて世界大に拡大できないのか。このように、関係的責務論の妥当性を考えるうえでは、家族関係や友人関係と国家を類推することの是非が決定的である。

3　特別義務の限界

ここまでの話は、おおむねジェリビー夫人よりはキャディやエスターの言い分に沿うかたちで進んできた。私たちは偏向テーゼにより、近親者に対して特別義務を負っているが、それと同様に、自国民に対しても特別義務を負っている。困窮者の誰を率先して救うかという積極的義務の問題であるかぎり、全員をまとめて救うことはできないのだから、何かしらの優先順位を付けざるをえない。この場合、近親者と同様に自国民に対して偏向的配慮を向けることは、国家がもつ道具的・制度的・関係的側面からも説明することができる。

とはいえ、自国民に対して特別義務を負っているからといって、何をしてもよいわけではない。再度ディケンズの時代に立ち戻ってみよう。パーマストン卿はその国益重視の姿勢と並行して、対外的には阿片戦争（一八四〇年）を戦って中国の植民地化を推し進め、セポイの乱（一八五七年）鎮圧後はムガル帝国を滅亡させてイギリスの直接統治を敷いた。こうしてヴィクトリア時代の大英帝国が形作られていくわけだが、それは他国民の権利を侵害する植民地主義の推進にほかならなかったわけである。もちろん今日では、こうした方法での国益追求は許されていない。

不偏テーゼ

政治哲学者のトマス・ポッゲは次のように言う（『なぜ遠くの貧しい人への義務があるのか』二一三頁）。

もっと一般的に言えば、我々の同胞のニーズに注意を向けることは外国人に同様の援助を与えるよりも道徳的により重要なのである。しかしながら、それ以外の場合、つまり外国人の被っている不当な危害が我々自身の行いである場合には、外国人も同胞も同じ扱いである。……このようにして、外国人たちが我々に対して持つ道徳的請求権は、我々の自国における正義の追求を制約する。

今日の国際社会では、他国（民）の権利を侵害しないという消極的義務は、自国民／他国民を問わず果たすべき一般義務となっている。例えば国連憲章は、「すべての加盟国は、その国際関係において、武力による威嚇又は武力の行使を、いかなる国の領土保全又は政治的独立に対するものも……慎まなければならない」と規定する（二条四）。ここでの消極的義務が一般性をもつことは、それが「すべての」「いかなる」といった全称表現を伴うことに表れている。

もっと言えば、積極的義務とは異なり、消極的義務は一般的でなければならない。私が危害から保護されるためには、考えられうる全員が無危害の義務を受け入れている必要がある。仮に世界中でただ一ヵ国、ただ一人でも、この義務から免れているならば、私は潜在的には危害の脅威に晒《さら》されている。こうした一般性は、善行のような積極的義務においては必ずしも求められない。困窮者に対して、もし誰かが十分な援助を施すならば、残りの全員はもはやかつての困窮者に対して同様の援助を施す必要はない。

私たちには自国民を加害しない一般義務があるのと同様に、他国民を加害しない一般義務もある。確かに、積極的義務を果たす場合、自国民に対して偏向的配慮を向けることが正当化されうる。しかしそれは、他国（民）の権利を侵害しないといったような、他国民に対して向ける不偏的配慮を否定するものではない。消極的義務を果たす場合、相手が自国民であるか他国民であるかは関係ない。これを**不偏テーゼ**と呼ぼう。すなわち、

不偏テーゼ：消極的義務を果たす場合、特別な関係にある者への義務とない者への義務の重大性は同等である

ここから、ヴィクトリア時代の植民地主義のような加害の不正性が明らかになる。公職者は、それが自国ファーストを貫いた結果だと主張するかもしれない。しかし、不偏テーゼにより、私たちは自国民に対してのみならず、他国民に対しても無危害という消極的義務を負っている。加えて、優先テーゼにより、消極的義務は積極的義務に優先していたことを思い出してほしい（本書九四頁）。ゆえに、今日の国際社会では、他国民を加害してまで、自国民を救うことは到底許されない。

（専門的注釈——一部の論者は、自国民を救うために他国民を加害することは許されうると論じている［Lazar, "Associative Duties and the Ethics of Killing in War"］。理屈は以下のとおり。はじめに、〈傍観者〉［本書九七頁］に照らせば、優先テーゼに反して、他国民五人への積極的義務は他国民一人への消極的義務に優先する。次に、偏向テーゼにより、自国民一人への積極的義務は他国民五人への積極的義務に優先する。ゆえに、推移律により、自国民一人への積極的義務は他国民一人への消極的義務に優先する。この議論の当否やその含意についてはここでは措いておこう。）

消極的義務・再考

私たちは自国民に配慮するからといって、他国民を収奪してまで自国民を豊かにする権利があるわけではない。それはちょうど、親がわが子に配慮するからといって、他人の子どもの邪魔をしてわが子を競技で勝たせる権利がないのと同様である。国際社会における私たちの義務の内実について考える際、重要なことは、それが積極的義務に当たるか消極的義務に当たるかだ。それが消極的義務であるならば、**不偏テーゼ**が示すように、義務の射程が国籍や国境で留まることはない。

ポッゲは積極的義務ではなく消極的義務として、世界的貧困問題への対処を訴えている。すなわち、不正なグローバルな制度的秩序を押しつけることによって、富裕国は貧窮国に対する加害に間接的に加担しているというのだ。事の本質は、国内外の困窮者に対してどのように手を差し伸べるかという積極的義務の問題ではもはやない。むしろそれは、他国民に対する加害を放置することが許されるか否かという消極的義務の問題である。

具体的に、富裕国がグローバルな制度的秩序を通じて貧窮国に加えている危害とは何だろうか。ポッゲがとくに注目するのが医薬品特許制度である（『なぜ遠くの貧しい人への義務があるのか』九章）。一方で、この制度は研究開発にインセンティブを与えるために必要不可欠だとされる。他方で、この制度は先進国に対して莫大な報酬をもたらし、途上国に対して医薬品アクセスを阻害している。先の感染症問題でも、ワクチンの特許権の一時放棄をめぐり、国際機関と製薬業界のあいだで大きな意見の齟齬が見られた。

ポッゲによれば、富裕国はたとえ侵略や搾取のような加害に直接手を染めなくとも、間接的ながら貧窮国民の生命と健康を危険に晒している。もしこれが事実ならば、富裕国は、消極的義務違反を正すために、世界的貧困問題を是正する義務を負う。具体的に、富裕国には知的所有権制度のような既存のグローバルな制度的秩序を改革することが求められる。それは、たとえ国益追求のためとはいえ、かつての植民地主義が今日の国際社会ではもはや許されないのと同じくらい、果たして当然の義務なのだ。

積極的義務・再考

もうひとつの筋道は、国際社会における積極的義務のあり方について再考してみることである。ジェリビー夫人の「望遠鏡的博愛」に人々が首をかしげるのは、それがわが子のような自分と特別な関係にある者の困窮すら蔑ろにしかねないものだったからだ。しかし、世界的貧困問題に取り組むことは、私たち一人ひとりにとって本当にそこまで過大負担になるだろうか。なぜなら今日、それは個人的に引き受けるよりも、集合的に引き受ける集団事業として捉えることができるからだ。

〈溺れる子ども〉では、行為主体は目の前の子どもを救うために些細な負担を負うべきだとされていた。しかし実のところ、その人は些細でない負担も負うべきではないだろうか。例えば、池に入ることで数百万円の価値があるヴィンテージ服が駄目になるからといって、子どもの命とヴィンテージ服を天秤にかけて後者を優先する人がいれば、その人は控えめに言っても非難されるだろう。シンガーは次のような極例も挙げている（『あなたが救える命』二〇〇頁）。

二〇〇四年にニューヨークのメトロポリタン美術館は、中世のイタリア画家ドゥッチョが描いた小さな聖母子像を、四五〇〇万ドルを超えると言われる額で購入した。……もしメトロポリタン美術館が火事になったとしたら、一人の子どもよりも、ドゥッチョの作品を炎から救い出すのが正しいと思うような人がいるだろうか。

だからといって、世界的貧困問題に対処するために、私たち一人ひとりが自分の生活を犠牲にしてまで、実際に数百万円を寄付しなければならないわけではない。どうやら、目の前の子どもを救うことと、世界的貧困問題に取り組むことは別様なのだ。この点で、〈溺れる子ども〉と世界を類推する議論は不十分である。むしろ重要なことは、自分が個人的に何をできるかではなく、集合的に何をできるかだ。目の前の子どもを個人として救う場合と、世界的貧困問題に集団の一員として対処する場合では、義務の負担に違いがあってもおかしくない。

実際、世界的貧困問題に集団の一員として対処することは、個人にとってそれほど負担になるわけではない。例えばシンガーの試算を見てみよう（二一九頁～）。アメリカの納税者のうち、所得上位層一〇%に対して、累進的に三分の一から五%までの所得を寄付に充ててもらう。残り九〇%の人々には、平均して一%の所得を寄付に充ててもらう。この基準は人々の生活を犠牲にするほどではないが、これを世界規模に広げると、国連が推計したミレニアム開発目標の達成必要額の八倍に当たる、年間一兆五〇〇〇億ドルが集まることになる。

もちろんここでの問題は、集合的解決に向けて世界全体がどの程度協調できるかということだ。誰も協調しなければ、単独で負担に応じたところで、問題解決には程遠く、いわば焼け石に水だと思われるかもしれない。自分がどの程度の義務を負うかは、他人がどの程度の義務を負うかという条件に部分的には依存している。ともあれ、負担のベースラインは、仮に全員が果たした場合に、積極的義務が個々の人間にどのように分配されるかである。おそらくそれは、過大負担だと言ってはじめから拒絶するような水準のものではないはずだ。

4　まとめ——慈悲は家からはじまり……

実のところ作者のディケンズは、イギリスにおける格差や貧困の実態と困窮者の境遇に深い関心を寄せる熱心な慈善家であった。それゆえ、家族に対して薄情なジェリビー夫人を描き出す筆致には、自分の子ども、次いで自分の隣人、そして自国の困窮者といった、より身近な人々に対してまずは率先して向き合うべきだとのディケンズの考えが反映されているように思われる。彼が別の小説で登場人物に語らせているように、「慈悲は家からはじまり、正義はとなりの家からはじまる」というわけだ（『マーティン・チャズルウィット』二六四頁）。

ここで強調したいことは、国内社会の困窮者への積極的義務ですら、歴史を遡れば決して自明ではなかったということだ。かつては健康も医療も介護も公的問題ではなく私的問題であり、自分の近親者に頼るしかなかった。長い制度改革のなかで、困窮者への処遇は私的慈善の領域から次第に公的正義の領域へと移行していったのである。そうだとすれば、私たちの利他主義はなぜ国籍や国境で留まる必然性があるのか。遠近法の喩《たと》えは、自分自身という内向きの焦点から視線が始まって、どこまでも遠くに及びうることも示している。

とはいえ、その利他主義が実態に即しているかどうかを精査する必要もあるだろう。一九世紀ヴィクトリア時代の慈善活動の高まりの背景には、ヨーロッパ列強によるアフリカ大陸の植民地分割という現実が控えていた。しかもそれは、反奴隷制や原住民保護といった「人道主義」的美名を伴っていたのだ。私たちは、当時まかり通っていた、慈善という他国民への積極的義務によって糊塗《こと》されている、植民地主義という他国民への消極的義務違反にも注意を向けなければならない。

　ともあれ、今日の国際社会でも、視野を自国に向ける偏向的観点と、それを世界に向ける不偏的観点がつねに調和的である保証はない。それは、私たちの世界を見る目がもともと偏っているからである。例えば、昨今の感染症問題においては、希少なワクチンの割り当てをめぐって、各国が我先に自国の権益を争う「ワクチンナショナリズム」が表面化した。次章で取り上げるのは、こうした非日常的状況のなかでも、人命というもっとも深刻な価値が賭けられる戦争において生じる「悪さ加減の選択」である。

第7章　戦争と犠牲――ローン・サバイバーの葛藤

アフガニスタンに潜入した米軍特殊部隊が現地の山羊飼いに見つけられてしまった――サンデルの正義論講義でも〈アフガニスタンのヤギ飼い〉の挿話として紹介され、映画『ローン・サバイバー』でも主題化された実話に基づくシナリオは、戦場における命の選択の瞬間を劇的に描き出している。マーカス・ラトレルはネイヴィーシールズの隊員で、二〇〇五年にほか三名の戦闘員とともにアフガニスタンの作戦（通称レッドウィング作戦）に参加した。そして彼らは、潜入先の山岳地帯でこの状況に出くわすのである。

ラトレルたちはただちに山羊飼いを縛り上げ、どのように処遇すべきかを話し合った。山羊飼いは見た目から判断すれば、明らかに非武装の民間人である。しかしかれらは武装集団と結びついていないとも限らない。もし解放すれば、すぐにラトレルたちの存在を知らせるかもしれない。自分たちの身の安全を考えれば、殺害してしまうほかない。しかし、高度な訓練を受けた戦闘員が、縛り上げられた無抵抗の民間人を殺害することに良心の呵責はないのか。ラトレルは、当時の瞬間を次のように振り返っている（『アフガン、たった一人の生還』二四一頁〜）。

この男たちを自由にするなんてことは、絶対にできない。だが困ったことに、おれにはもう一つの心があった。それはクリスチャンの心だ。そしてそれはおれを圧倒しようとしていた。心の裏側で、これらの非武装の男たちを平然と殺すのは間違っていると、何かがささやき続けていた。

結局ラトレルたちは山羊飼いを解放した。一方で、民間人を意図的に加害しないことは、戦争法規として確立している。それは、拷問の禁止と同様に、結果が何であれ一定の行為に対して課せられる義務論的制約である。ラトレルたちが良心の呵責から山羊飼いを解放する決断を下したとき、彼らはこの義務を正当に認識していた。確かに、戦争が始まれば必ず民間人被害が生じる。にもかかわらず、戦闘員は民間人の犠牲を減らすために最大限の努力を払わなければならない。

他方で、他国民間人を保護することは、ときに自分たち自身を深刻なリスクに晒《さら》す。ラトレルが言うように、「米軍戦闘兵士たちの観点からすれば、交戦規則は非常に深刻なジレンマを突きつける。おれたちもそれを守らなくてはならないことは理解している。……しかし、それはおれたちにとっては危険を意味する」（四六頁）。戦争では、戦闘員／民間人の線引きとともに、自国民／他国民の線引きが重大な意味をもつ。ここには、次のような「悪さ加減の選択」が生じている。

選択1　戦闘員のリスクを高めてでも民間人の犠牲を減らす
選択2　他国民のリスクを高めてでも自国民の犠牲を減らす

第6章と同様に、本章でも問われているのが、マシな悪の倫理とは異なる規範的要請の余地である。各国にとって、戦争の目的は自国と自国民を守ることだ。その一方で、戦争法規は自国民／他国民を問わず、民間人を保護することを求める。ここに戦争の正義の解きがたい矛盾がある。戦争ではしばしば、世のため人のためといった不偏的観点よりも、自国の主権と領土を保全するといった偏向的観点がものを言う。国際社会はそもそもこうした観点が支配的になる世界であり、戦争においてはそれがさらに凝縮され、矛盾が顕《あら》わになるのだ。
戦争の総力戦化が進んだ二つの世界大戦以降、兵器の技術革新も相まって、戦争被害における民間人被害の割合は突出して高まった。二〇二二年に始まったウクライナ戦争、二〇二三年に始まったガザ紛争においても、民間人被害の問題が大きく取り沙汰されている。自分、戦友、自国民の命を守るために、戦場で他国民間人を犠牲にすることははたして許されうるのか。本章では、正戦論を中心とする戦争倫理学の知見を紐解きながら、戦争のなかで問われる偏向的観点／不偏的観点の緊張関係を取り上げる。

1 民間人と戦闘員

「戦争の正義」を語ることに、抵抗感を覚える人は少なくない。戦争は無数の危害を含む。それは無辜《むこ》の者も含めた多くの人間を殺害し、傷害を負わせると同時に、都市やインフラを破壊し、環境にダメージを与える。人々の社会・経済生活は破壊され、その財産も失われ、住む場所も奪われる。戦闘行為に付随して、戦場ではしばしばレイプや拷問が起きる。戦争は巻き込まれた人々の心理と人間関係に多大な負の影響を与え、ときに戦闘に従事した者にも心理的ダメージを残す。このように、戦争に含まれる危害の質的・量的な特殊性が、今日の国際社会における武力不行使原則を裏づけている。

とはいえ、単に戦争を、殺人や拷問と同類の罪悪と名指しして禁じれば、話が済むわけでもない。なぜなら、同時に戦争は、無政府状態を特徴とする国際社会において（少なくとも歴史的には）やむをえない最終手段であり続けてきたからだ。現在の国際情勢が示しているように、国際社会における最小限の規範である主権や領土の保全ですら、ときに無法国家により蹂躙《じゅうりん》される。警察活動や刑罰制度と同様に、戦争は、国際社会において秩序や正義を回復・維持するための必要悪の性質をもつ。だからこそ、戦争の正義について考える伝統が形作られてきたのだ。

民間人の保護

「正戦論《ジャストウォーセオリー》」とは、戦争においても正不正の評価を下すことができるという前提のもと、現実の戦争をより正しいものとより不正なものとに選り分ける一連の基準を示すことで、戦争そのものの強度と範囲に制約を設けようとする理論である。大別して、戦争それ自体の正しさに関する開戦法規《ユスアドベルム》と、戦争のなかで生じる個々の戦闘行為の正しさに関する交戦法規《ユスインベロ》からなる。正戦論者にとっては、どのような戦争を戦うかと並んで、どのように戦争を戦うかが戦争の正否にとって決定的である。本章ではおもに後者に注目してみたい。

交戦法規の一条件である区別（非戦闘員保護とも呼ばれる）原理は、戦闘員と民間人を区別したうえで、民間人を意図的加害から絶対的に保護することを求める。ジュネーヴ条約第一追加議定書（以下「議定書」と呼ぶ）によれば、「紛争当事者は、文民たる住民及び民用物を尊重し及び保護することを確保するため、文民たる住民と戦闘員とを、また、民用物と軍事目標とを常に区別し、及び軍事目標のみを軍事行動の対象とする」（四八条）。無辜の民間人の命は決して意図的に奪われてはならない。これは、交戦者双方に課せられた最小限の消極的義務である。

原則的に区別原理は、自衛国／侵略国といった開戦法規上の地位にかかわらず、交戦法規上両国の民間人を無差別に保護することを求めている。議定書は、その規程が「武力紛争の性質若しくは原因又は紛争当事者が掲げ若しくは紛争当事者に帰せられる理由に基づく不利な差別をすることなく」適用されると念押ししている（前文）。これは無危害という消極的義務を果たす際、自国民と他国民を恣意的に区別しないという不偏テーゼと並行的である（本書一五一頁）。

逆に戦闘員は、戦場において攻撃に晒されうる存在である。その理由は、無辜の民間人とは異なり、戦闘員が一定の条件下で攻撃されない権利を喪失したからだ。もちろん、人間は誰しも他人によって攻撃されない権利を自然的に保持している。戦闘員とはいえもとは一人の人間である。しかしかれらは武装し、他者にとって危害的であるという事実によって無辜でなくなり、攻撃されない権利を喪失する。その結果、戦場において戦闘員が別の戦闘員を意図的に殺傷しても、殺人や傷害の罪に問われるわけではない。

戦闘員の保護

ただしもちろん、民間人の命と同様に戦闘員の命も重要である。戦争の歴史において、戦闘員の命は長らく軽く見積もられていた。ナポレオンはかつて、「兵士とは殺されるための存在」だと公言したという（ウォルツァー『正しい戦争と不正な戦争』二七四頁重引）。彼は自身の権勢を維持するために生涯で六一回もの戦争を戦い、三〇〇万人以上の戦死者を生み出したとも言われる。こうした傾向は二〇世紀に入っても変わらない。第一次世界大戦のもっとも過酷な戦場のひとつヴェルダンの戦いでは、小さな要塞都市を争って独仏双方で七〇万人が命を落とした。

今や異なる。私たちは自国戦闘員を不必要にリスクに晒してはならない。これは政府が戦闘員を含む自国民に対して負う消極的義務である。もちろん、戦争においては大小の人的被害が避けられないが、それゆえに戦闘員のリスクを減らすためのさまざまな措置（戦力防護）がとられる。十分な装備や物資を供給することはもちろんのこと、不必要なリスクを伴わないような作戦立案が求められる。ある軍事行動によって見込まれる費用と便益に、戦闘員が晒されるリスクとその軽減を織り込むのは当然のことだ。

問題は、民間人の犠牲を減らすことと戦闘員のリスクを減らすことがトレードオフ関係にあることである。例えば、ある軍事目標を空爆するとしよう。夜間よりも昼間の作戦のほうが、民間人の犠牲は減るが戦闘員のリスクは高まる。高高度よりも低高度の飛行のほうが、民間人の犠牲は減るが戦闘員のリスクは高まる。奇襲行動よりも事前警告に基づくほうが、民間人の犠牲は減るが戦闘員のリスクは高まる。現実の作戦立案において、こうした大小のトレードオフは非常にありふれているだろう。

原則的な考え方としては、いかなる場合であっても民間人の犠牲の最小化を優先すべきである。議定書は交戦国に対して、「攻撃の手段及び方法の選択に当たっては、巻き添えによる文民の死亡、文民の傷害及び民用物の損傷を防止し並びに少なくともこれらを最小限にとどめるため、すべての実行可能な予防措置をとること」を求めている（五七条）。民間人の犠牲と戦闘員のリスクを比較した場合、区別原理により民間人の保護が最優先である。

それでは、戦闘員は民間人の犠牲を減らすためにどこまでのリスクを覚悟すべきか。区別原理とは異なり、戦力防護は議定書に盛り込まれていない。しかしこの点に懸念を感じる向きもある。例えば、オーストラリアやニュージーランドは、議定書の批准に当たり、戦力防護が評価要素として考慮されるべきだと主張した（Dinstein, *The Conduct of Hostilities under the Law of International Armed Conflict*, para. 357）。付言すると、アメリカやイスラエルは議定書をそもそも批准していない。

2　民間人への付随的損害

前節で見たように、従来の正戦論や国際法では、民間人と戦闘員の区別に焦点が当てられていた。しかし、本章冒頭の状況にあるように、他国民間人の犠牲と自国戦闘員のリスクがトレードオフ関係にあるとき、それは同時に自国民と他国民の区別も含んでいる。ラトレルはここに葛藤を感じている。かれら民間人の犠牲を減らすために、自分たち戦闘員はどこまでリスクを負うべきなのか。区別原理と戦力防護の二つの要請を同時に視野に入れるとき、戦争の正義の問題は複雑化する。しかしその前に、以下では民間人被害の是非についてさらに補足しておこう。

二重結果説

すべての民間人被害が犯罪になるわけではない。国際法上、民間人は攻撃から保護されなければならない。とはいえ、砂漠や海上のような無人地帯における戦闘でもないかぎり、現実には、民間人の犠牲をゼロに抑えるような戦闘は非現実的である。ごくわずかでも民間人被害が生じるかぎり国際法違反になるとすれば、実質的にほとんどの戦闘行為は不可能になるだろう。ある戦闘行為が大きな戦術的利得をもたらすことが確実であるものの、同時にそれが民間人被害を生み出すことも確実であるような場合もある。こうした場合の民間人被害は「付随的損害《コラテラルダメージ》」と呼ばれ、一定条件下で許されうる。

議定書は、「軍事的利益との比較において、巻き添えによる文民の死亡、文民の傷害、民用物の損傷又はこれらの複合した事態を過度に引き起こすことが予測される攻撃」を禁じている（五一条）。確かにジュネーヴ条約は、民間人への無差別攻撃を禁じている。しかし同時に、軍事目標に対して向けられた攻撃によって予測される「巻き添え」被害をゼロにすることまで求めているわけではない。それが軍事目的に照らして「過度」でないかぎり、付随的損害は許されうるというのが、国際法上の考え方である。

こうした考え方の背景になっているのが、行為主体の心理状態として意図と予見の違いに注目し、重要な軍事目的を達成するため、予見するが意図しない民間人の加害は許されるとする、いわゆる**二重結果説**である。

二重結果説：意図された加害は絶対的に許されないが、予見されただけの加害は、より望ましい結果をもたらすなら許されるこの説の意味内容を明らかにするために、次の二つの事例を比較してみよう。はじめに精密爆撃のような戦術爆撃の場合で、敵国の軍事施設を破壊するために空爆を行うとする。爆撃者はそのことによって付近の民間人も巻き添えにすることを、予見しているものの意図してはいない。この場合、民間人被害が生じることは軍事目的に対する不可欠の事態ではない。もし警戒警報によって付近の民間人が避難していたら、爆撃者の目的には何の影響も及ぼさないばかりか、一層望ましいだろう。

これとまったく異なるのが都市爆撃のような戦略爆撃である。この場合、爆撃者は恐怖を植えつけ、敵国民の士気を削《そ》ぐために居住区を含む都市全体を攻撃する。民間人被害が生じることは軍事目的における不可欠の事態である。その証拠に、もし警戒警報によって付近の民間人が避難していたら、爆撃者の目的達成に支障が生じる。戦略爆撃は、そこに民間人がいてこそ機能する。それは**二重結果説**が禁じる意図的加害の一種である。

二重結果説は、行為主体がどのような心理状態のもとにあるかに注目する。この説は、行為対象を一定の仕方で扱わないことに注目する**手段原理**と密接に関連している（本書一〇一頁）。目的手段関係は意図と結びついている。戦略爆撃のように、民間人を予見するだけではなく意図して加害するとき、爆撃者は民間人を軍事目的を達成するための単なる手段として利用している。単純化すれば、二重結果説と手段原理は、同じ義務論的制約を行為主体と行為対象という対照的な立場から捉えなおしたものだと言うこともできる。

筆者自身は、二重結果説に依拠するよりも、手段原理に依拠することのほうが実際的だと考えている。前者に対する標準的批判は、意図と予見という行為主体の心理状態の把握が実際には難しいことだ（松元「ダブル・エフェクトの原理」）。その人は自分の真の意図と称するものを、かなり操作的に仕立てあげることができる。それに対して、ある危害が目的を達成するための通過点の一部に位置づけられているかどうかは、因果的関連性に照らしてより客観的に判断できるだろう。

民間人か自国民か

一定条件下で民間人への付随的損害が許されるからといって、話が終わるわけではない。なぜなら、前節で見たように、民間人の犠牲を減らすことと戦闘員のリスクを減らすことがトレードオフ関係にあるからである。一方で、戦闘員と民間人の区別があり、他方で、自国民と他国民の区別がある。戦闘員であれ民間人であれ、そのなかには自国民もいれば他国民もいるだろう。すると、これら二つの区別に応じて、犠牲の最小化が求められるカテゴリーには①～④が存在する（表7-1）。

	戦闘員の犠牲の最小化	民間人の犠牲の最小化
自国民の犠牲の最小化	①	②
他国民の犠牲の最小化	③	④

表7－1　戦闘員／民間人と自国民／他国民の組み合わせ

とりわけ問題含みなのは、④（他国＋民間人の犠牲の最小化）の要請と①（自国＋戦闘員の犠牲の最小化）の要請がトレードオフ関係にある場合である。本章冒頭の選択肢に照らし合わせれば、選択1（戦闘員のリスクを高めてでも民間人の犠牲を減らすこと）は④に該当し、選択2（他国民のリスクを高めてでも自国民の犠牲を減らすこと）は①に該当する。他国民間人の犠牲を減らすために、自国戦闘員のリスクをどこまで求めるべきかについては意見の相違がある。ありうる立場を整理してみよう。

第一に、民間人の保護を重視する民間人優先論がある。交戦法規上、民間人は推定的に無辜であり、攻撃されるに値しない。この場合、区別原理の観点から、自国民間人と他国民間人に同等の重みを与えるべきである。戦闘員は単に民間人被害を意図しないだけではなく、民間人被害を避けることを意図して戦わなければならない。民間人への不偏的配慮は自国民への偏向的配慮によって覆されてはならない。マイケル・ウォルツァーは次のように言う（『正しい戦争と不正な戦争』三〇七頁）。

それでも彼らは兵士である。彼らの戦争法上の諸権利にはそれと併存する諸々の義務が存在し、それらの第一のものは民間人の諸権利に注意を払うこと――より正確には、彼ら自身によってその生命が危険にさらされる民間人の諸権利に注意を払うことである。

民間人が優先される理由は、戦闘員の職業義務から生じる。志願制か徴兵制かを問わず、戦闘員はリスクを与え、逆にリスクを避ける準備と能力を備えている点で、脆弱で無防備な民間人とは異なる。戦闘員は、警察官や消防士と同様に、任務遂行のためにリスクを負ってしかるべきである。それゆえ、優先順位は次のようになる。まずは民間人を保護する要請により、②④は無条件の優先性をもつ。次に、①③においては自国民の保護が優先されて構わない。そこで優先順位は、最初に②と④が同列、次いで①、最後に③となる。

第二に、自国民の保護を重視する自国民優先論がある。自国戦闘員は戦闘員であると同時に自国民であり、少なくとも自国民間人に次いで優先的に保護されなければならない。「戦闘員とは軍服を着た市民である。……彼の血は、軍服を着ていない市民の血と同じように赤く濃い」(Kasher and Yadlin, "Military Ethics of Fighting Terror," p. 17)。国家は民間人と戦闘員の区別を横断して、自国民を第一に保護する義務を負っている。もしリスクの高い作戦を強要するならば、政府は自国戦闘員を不当に扱っていることになる。

もちろん、他国民間人もまた保護されるべきである。だが、その第一義的責任は自国政府ではなく他国政府にある。とりわけ、戦闘員が居住区に紛れ込んだり、民間施設を軍事転用したりするならば、戦闘で生じる民間人被害の責任は、民間人を「人間の盾」として使う同国政府に帰せられる。それゆえ、優先順位は次のようになる。まずは自国民を保護する要請により、①②は無条件の優先性をもつ。次に、民間人と戦闘員の区別を踏まえれば、②は①に、④は③に優先されるべきである。そこで優先順位は、最初に②、次いで①、次いで④、最後に③となる。

第三に、民間人の保護と自国民の保護のどちらにも一定の効力を認める折衷論もある。問題は、自国戦闘員と他国民間人のどちらの要素も、相応の優先性を求めているということだ。民間人優先論は後者の要請に対して、逆に自国民優先論は前者の要請に対して、一方に傾きすぎることでバランスを逸している。どちらの要請も等閑視《とうかんし》できないならば、民間人への不偏的配慮と、自国民への偏向的配慮のあいだで何らかの折り合いを付けなければならない。

すると、優先順位はどうなるだろうか。一部の論者は、いずれの規範的要請も相応に効力を有する結果、大体同等の重みをもつことになるのではないかと示唆している（Hurka, "Proportionality in the Morality of War," Kamm, "Failures of Just War Theory"）。それゆえ、優先順位は次のようになる。まずは民間人を保護する要請により、②④は無条件の優先性をもち、同時に自国民を保護する要請により、①②は無条件の優先性をもつ。②は二重の優先性をもつのに対して、①と④は片方の要請のみ優先性をもつ。そこで優先順位は、最初に②、次いで①と④が同列、最後に③となる。

具体例――ガザ紛争

以上の議論はかなり人工的な設定に見えるかもしれないが、突然始まった話ではない。とりわけ、民間人優先論と自国民優先論のあいだの論争は、二〇〇八年末に生じたガザ紛争を通じて争点化されたのである。イスラエルは同地区を実効支配するハマスに対して、大規模な空爆攻撃とそれに続く地上侵攻を行った（通称キャストレッド作戦）。約二〇日にわたる作戦によって生じた死者数は、イスラエル側で一三人だったのに対して、パレスチナ側は一四〇〇人にのぼる。はたしてこの数字は、イスラエル軍が自らリスクを負ってまで民間人被害を避けようと努力した結果だと言えるだろうか。

自国民に対するイスラエルの仮借ない姿勢を表すのが、一九八〇年代に導入され、二〇一六年に撤回された、拉致被害者を奪還するための特殊作戦「ハンニバル指令」である。これは、自国戦闘員が拉致され、交渉材料となることを阻止するため、他国戦闘員のみならず、場合によっては他国民間人の巻き添えも辞さない集中攻撃を許可する。二〇一四年のガザ紛争時、一人の少尉が拉致されたことに対して、イスラエル軍はただちに現場付近の封鎖と陸海空軍の総攻撃を実施し、二日間で一九〇人にのぼるパレスチナ人の死者を生んだ（『毎日新聞』二〇一四年九月二八日付）。

二〇二三年、民間人も含む拉致事件が生じたことを受けて、イスラエルはガザ地区にふたたび軍事侵攻を行った。ここでも、拉致被害者を救出するという名目のためとはいえ、他国民間人の大規模被害も辞さない姿勢をとっていることに対して、国際的非難が向けられている。自国戦闘員の犠牲を最小限に抑えたいというのは民主主義社会における当然の政治的圧力であり、それが戦い方にも影響を与える。しかしそれは、自国民のリスクを他国民に転嫁することも、いわんや戦闘員のリスクを民間人に転嫁することも、無制限に許すものではない。

3　民間人への意図的加害

本章冒頭のエピソードに戻ろう。ラトレルたちが陥ったジレンマ状況は、ある意味で前節で見た状況よりも極限的である。そこでは、自分たちの命を守るために、無辜の民間人――その時点ではそう判断するほかない――を意図的に加害することの是非が問われている。区別原理は、自国民／他国民を問わず、民間人を意図的に加害することを絶対的に禁じている。問題は、戦争という、自分自身や自国民の命がかかった非常事態において、この不偏的配慮をどこまで維持しうるかである。

個人が陥る緊急事態

仮にラトレルたちが山羊飼いを殺害していたら、それは国際法上許されうる付随的損害ではない。民間人は居場所を漏らさないための口封じとして殺害されるのだ。もし山羊飼いが間一髪銃弾から逃れたなら、ラトレルたちは安堵するどころか、より一層殺害の手を強めることになるだろう。それは、民間人の殺傷が、目的を達成するための必要不可欠な事態であることの証左である。ラトレルたちは実際には、山羊飼いを解放することでこうした戦争犯罪を辛うじて免れた。

山羊飼いを解放してから一時間半以上が過ぎた頃、ラトレルたちは数十人の重武装したタリバン兵に囲まれていることに気づく。基地からの援軍が遅れるなか、激しい戦闘が続き、ラトレルは一人また一人と隊員たちを失っていくことになる。生存すら危うい状況に置かれたことを悟り、絶望のどん底に陥りながら、彼は自分が下した決断――「おれがこの世に生を受けて以来した、最も愚かで、最も南部的で間抜けな決断」――を早速呪っていた（『アフガン、たった一人の生還』二四三、二四九頁)。

リベラル派の連中をラバのカートに積んで、やつらが何一つ知らないくせにうだうだ書き立てる戦争における作法やら、人権やら、その他やつらの大好物のくだらないものすべてもいっしょに、地獄に落としたかった。おれたちを殺人罪で訴えたいのか？　勝手にしやがれ。でもその場合、少なくともおれたちは生きて反論することができたのだ。

戦争法規を守って命を落とすよりも、戦争法規に背いて生き延びるほうがマシだ――たとえこれが戦場に置かれた一人の人間の偽らざる本音だったとしても、非常に危険な本音である。戦闘員個人にとって、戦場はつねに死と隣り合わせの緊急事態の連続である。にもかかわらず、自分が生き延びるためならば、無辜の者の意図的加害さえ許されうるという規則を受け入れる文明社会は存在しないだろう。個々の戦闘員がこれを要求し始めたら、一体全体戦場はどうなってしまうのか。

国家が陥る緊急事態

にもかかわらず、ウォルツァーは民間人への意図的加害が認められる例外事態があると言う。すなわち、「最高度緊急事態《シュプリームエマージェンシー》」と呼ばれる、政治共同体の存亡がかかった切迫的かつ危機的な事態においては、たとえ民間人であったとしても、他国民を意図的に加害することが免罪されうるというのだ。問題となっているのは、領土をめぐる通常の侵略の事態ではない。政治共同体の存続それ自体を脅かすような、「並はずれた、恐ろしいたぐいの」危険である（『正しい戦争と不正な戦争』四六五頁）。

図7－1　イギリス空軍によるドイツ諸都市の爆撃を描いたポスター（ミネソタ大学図書館）

ちなみに、「最高度緊急事態」という用語を最初に用いたのは、本書「はじめに」で触れたイギリス首相ウィンストン・チャーチルである（『第二次世界大戦　一』六二二頁）。ウォルツァーはこれを、第二次世界大戦時、ドイツ諸都市を爆撃するチャーチルの方針を示すために転用した。イギリスは当時、ヨーロッパで孤立無援のなか、ドイツからの大規模空襲に対抗するため、「バトルオブブリテン」と呼ばれる決死の航空戦を戦っていた。国家存亡の危機に直面して、チャーチルは意見書で次のように記している（『第二次世界大戦　二』五二八頁)。

戦闘機は私たちの救い主だが、爆撃機のみが勝利の手段を提供する。それゆえに、敵の手が私たちの島に届かないように食い止めるいっぽうで、敵が戦時活動と経済力を依存している産業と科学研究の施設すべてを完膚なきまでに掃滅するために、大量の爆弾を搭載してドイツで投下する能力を開発しなければならない。

ここで示唆されている攻撃は戦略爆撃であり、**二重結果説**や**手段原理**によって禁じられた民間人への意図的加害である。たとえドイツが先に無差別攻撃を仕掛けていたとしても、集団的懲罰のような疑わしい前提を置かないかぎり、ドイツ民間人の攻撃されない権利を減じるものではない。最高度緊急事態の論理は、政治共同体の存続のために、義務論的制約をあえて乗り越える。すなわちこれは、第5章で取り上げた汚れた手問題の一例である(『正しい戦争と不正な戦争』五七八頁〜、『戦争を論ずる』七一頁〜)。

偏向的観点・再再考

ただし、ここでの汚れた手問題は、第5章で取り上げた問題とは質的に異なることに注意が必要である。第5章は功利主義と義務論のあいだの対立に焦点を当てていた。〈時限爆弾〉では、多数のために少数を犠牲にする選択の是非が問われている（本書一一三頁）。その一方で、政治共同体の存続のために他国民間人を意図的に加害するという判断が基づいているのは、より多くの人々を救うという不偏的観点ではなく、自国民を救うという偏向的観点である。

ウォルツァーは最高度緊急事態の論理を「極限状況の功利主義」と呼んでいるが（『正しい戦争と不正な戦争』四二八頁、『戦争を論ずる』六四頁）、これは誤解を招くだろう。〈時限爆弾〉で義務論的制約を乗り越える理由は、数の問題のような功利主義的観点であるが、最高度緊急事態で義務論的制約を乗り越える理由は、関係的責務のような自国民への特別義務である。これは功利主義の特徴である不偏的配慮とは異なるし、むしろ相反するものだ。

こうした違いが生まれる理由は、〈時限爆弾〉が国内社会における非常事態を扱っていたのに対して、最高度緊急事態が国際社会における非常事態を扱っていることにあるだろう。前者の場合、決断は一国内の問題として下されるのに対して、後者の場合、決断は国家間の問題として下される。第6章1節で見たように、偏向的観点／不偏的観点はしばしば入れ子状に組み合わさっており、汚れた手問題に関しても、政治的判断をどのような関係のもとに置くかによって、義務論的制約が乗り越えられる配慮の性質が異なってくる。

先述したように、偏向的配慮に照らしても、個人が陥る緊急事態における無辜の者の意図的加害は許されない。たとえ自己保存のためとはいえ、個々の戦闘員が民間人を意図的に加害することは決して認められるべきでない。にもかかわらず、ウォルツァーによれば、公職者が同じ選択に国家規模で直面した場合、結論が異なってくるようだ――「彼らに、どのような選択肢があろうか。道徳律を守るためにみずから犠牲になることはできるが、自国民を犠牲にすることはできない」（『正しい戦争と不正な戦争』四六六頁）。

第2章3節で見たように、代議制民主主義は、公職者と一般市民のあいだで意思決定を分担し、共有する規範的アウトソースの側面をもっている。こうした分業関係のもと、公職者はときに市民に代わり、市民のために手を汚す決断をも迫られる。「自国民を犠牲にすることはできない」から、他国民を犠牲にするというのだ。とはいえ、あまりにも躊躇《ためら》いを感じない公職者は、あまりにも簡単に手を汚してしまうだろう。ウォルツァーは、最高度緊急事態に対処するに相応しい公職者を次のように描写している（『戦争を論ずる』七一頁）。

道徳的に強靭な指導者とは、無辜の人を殺害することがなぜ誤りであるかを理解し、それを拒絶する、まさに、天が本当に落ちる寸前まで繰り返しそれを拒絶する人物のことである。そののち彼は、自分がなすべきことは許されることではないことを知る――が、結局は行ったのであるが――道徳的な犯罪者（アルベール・カミュの「正義の人びと」のごとき者）となる。

「道徳的な犯罪者」とはどのような人物か。この一見したところの形容矛盾をどのように理解すべきか。次章では、選択と責任の観点からこの問題に取り組もう。

4　まとめ――戦闘員の信念と部族の決意

ラトレルは戦場で一人生き延びた。体中に重傷を負いながら武装集団の追っ手を逃れて三日間山岳地帯を彷徨し、最終的にあるパシュトゥーン族の村で匿《かくま》われた。村人はタリバンがラトレルを追っていることを知りつつも、「ロクハイ・ワルカワル」と呼ばれる部族法の歓待の掟に従って、怪我人を看病するのみならず、命を賭しても守ることに決めたのだ。その後、タリバンによって居場所を突き止められながらも、村人に匿われて何とか命を繋いだラトレルは、異国の地で自分が陥った境遇を反芻《はんすう》してこう呟く（『アフガン、たった一人の生還』三六五頁）。

もしもきみが、ときに死ぬべきでない人が死んだり、罪なき人々が死ななくてはならなくなったりするような戦争に巻き込まれたくなかったら、最初からそんなものには近づかないほうがいい。なぜなら、それは起きるべくして起きるからだ。死に値しない人々を殺すという、ひどい不正義。それこそが戦争なのだ。

確かに戦争は、固有の尊厳をもち、かけがえのない存在である人間を、ほとんど不可避的に犠牲にする「ひどい不正義」である。しかし、こうした極限状況においてさえ、なお許されることと許されないことの分別がある。ラトレルの本意はともかく、「罪なき人々が死ななくてはならない」状況や「死に値しない人々を殺す」状況は、正戦論や国際法に照らしてより厳密に区別されるべきである。戦争が「ひどい不正義」であるからこそ、私たちはそのなかにある「ひどさ」の違いにより一層目を凝らさなければならない。

そもそも私たちが戦争を始める理由は何だろうか。祖国や同胞を守るといった理由が真っ先に思い浮かぶはずである。その一方で、戦争法規はその方法にタガをはめる。戦闘員は、いわば精神的な拘束具を纏《まと》いながら戦場に向かうのだ。戦争法規を守るということは、自分とその仲間をリスクに晒すということだ。そこで生き残りのためにすべてを許してしまえば、「恋愛と戦争では何でもあり」の軍事的リアリズムに転がり落ちていくだろう。

ともかく、公平を期すために再確認しよう。ラトレルはその決定的瞬間において、「非武装の男たちを平然と殺すのは間違っている」という信念から、リスクを負ってでも山羊飼いを解放することに賛成したのだ。とはいえ、その後自らの決断を後悔することになるように、ここでもまた、何かに賭ければ何かを失わざるをえないジレンマ状況が現出している。奇しくもラトレルは自ら、縛られた山羊飼いに似た決定的瞬間にのちに置かれることになる。

重傷を負い、半睡半醒の状態にあったラトレルを渓流の傍で見つけた村人は、彼の眼前で、彼の運命を決めるための話し合いをもっていたという。振り返ってみると、ラトレルを匿うことは、村人にとってタリバンと敵対し、村全体を危険に陥れる重大な決断だったはずである。にもかかわらず、「それらのフレンドリーなパシュトゥーン族はおれにロクハイを与える決断を下したのだ。たとえ一人残らず殺されようとも、タリバンからおれを守り抜く決意をしたのだった」(三三五頁)。

第8章　選択と責任——カミュが描く「正義の人びと」

フランスの作家アルベール・カミュは、帝政ロシア時代のセルゲイ大公の暗殺事件を題材として戯曲『正義の人びと』（一九四九年）を書いている。この作品は、ボリス・サヴィンコフが残した回想録『テロリスト群像』に基づいて、革命活動に邁進する学生たちを主人公にする。ときは第一次ロシア革命期、社会革命《エスエル》党内部の戦闘団のもとに若者たちが集まっていた。「詩人」とあだ名されていた学生イヴァン・カリャーエフもまた、革命という正義のためのテロ活動に参加することを決意した一人である。

図８－１　実在のイヴァン・カリャーエフ（1877－1905）

　一九〇五年二月、革命組織は、劇場に赴くために外出した皇帝の叔父セルゲイ大公の暗殺を計画し、カリャーエフがその実行を任された。しかし、大公の馬車に爆弾を投げ入れようとする寸前、彼は大公の傍に大公妃とその甥と姪がいるのを発見し、実行を思いとどまってしまう。その後戦闘団では、暗殺を実行せずに戻ってきたカリャーエフも含めて、次にどのような方針をとるべきかという議論が急遽もちあがる（五四頁〜）。

アネンコフ「今の問題は、もうまもなく僕らがその二人の子供達に爆弾を投げつけるかどうかということだ」
ステパン「子供達！　他に言うことはないのか。何も分かっちゃいないな？　ヤネク〔＝カリャーエフ〕がその二人の子供を殺さなければ、これから何千のロシアの子供達がこの先何年間も飢えで死ぬんだぞ」
ドーラ「破壊行為においてさえ、秩序と限界というものがあるのよ」
ステパン「限界なんてない。君達、本当のところは革命を信じてないんだ。……もしその時、君達が、人民が支配者とその偏見から解放されて、神々しい顔で空に向かって立つことが出来ることを疑わなければ、そのことに比べてたった二人の子供の死なぞ、なんだって言うんだ？」
カリャーエフ「確かに僕は専制主義を打倒するために人を殺すことを引き受けた。けれど君の言葉の陰に、僕はやはり専制主義の臭いを感じるんだ。もしそれがいつか姿を現したら、正義の人間であろうとしてる僕はただの暗殺者になってしまう」

ステパンは、『汚れた手』の労働党書記エドレルにも似たマキァヴェリストである。崇高な大義のためには、いかなる小悪も許されると考えている。カリャーエフの個人的な思いによって、革命の遂行という大事業を損なうことがあってはならない。本人がどうなるかなどは二次的あるいはそれ以下の問題である。その一方で、行為主体は大義の奴隷ではない。たとえなすべきことがあったとしても、それを自分が引き受けるかどうかは行為主体にとって無視できない考慮事項である。

その二日後、カリャーエフは大公一人を標的として暗殺を実行した。犯行直後に彼は逮捕される。監獄に入れられた彼に、大公妃が会いに来た。大公妃は恩赦を申し出る。彼女は彼に対して、生き続けることでともに苦しみ、自らの罪を悔い改めることを願ったのである。しかしカリャーエフは自ら罪を背負い、処刑台に向かっていくことを選んだ。彼の決断には、「悪さ加減の選択」を引き受け、しかもその責任を引き受けるという、それ自体の「悪さ加減の選択」が見てとれる。

選択1　「悪さ加減の選択」とその責任を引き受ける
選択2　「悪さ加減の選択」とその責任を引き受けない

本章では、ジレンマ状況に置かれた人間が、それでも何らかの決断を下すことの結末について考える。第1章1節で見たように、ジレンマ状況とはいかなる選択をしても損失を伴う状況である。「悪さ加減の選択」に直面して、この選択をとった本人および周囲や社会は、選択の責任に対して事後的にどう向き合うべきか。本章では、第5章で提起した汚れた手問題というもっとも劇的な事例に焦点を当てる。ここでは、行為主体が罪を犯すという、とりわけ厳しい決断の結末に向き合うことを迫られているのだ。

1　選択を引き受ける

カリャーエフを含めた若い革命家たちは、帝政ロシア時代にあえて革命運動に身を投じた時点で相当の覚悟をもっていたはずである。そのうえ彼は、暗殺の実行犯となることすら引き受けたのだ。その彼がなぜ、土壇場になって二人の子どもを巻き添えにすることを躊躇《ちゅうちょ》してしまったのだろうか。ここには、第1章3節でマシな悪の倫理の構成要素として取り上げた、行為の次元とその結果の次元のいずれとも異なる、行為主体という第三の次元に対する眼差しがある。

規範理論③――徳倫理学

カリャーエフの言い分を見てみよう。彼が子どもを巻き添えにすることを拒絶したのは、それが「正義の人間であろうとしてる」自分を「ただの暗殺者」にしてしまうからである。それは行為主体としての自分自身への関心である。監獄で大公妃から恩赦を提案されたカリャーエフは、次のように言って提案を断る。「僕をよく見て下さい。僕は人を殺すために生まれて来たんじゃない」（『正義の人びと』一一二頁～）。

この言い分を支える規範理論は、徳倫理学と呼ばれる。行為の指針として徳倫理学が注目するのは、功利主義的な結果でもなければ、義務論的な行為でもなく、むしろ行為主体のあり方である。関心は、その人が何をするかよりも、誰であるかに向けられる。ある行為の正しさは、それが有徳な人であればなすような行為であるかどうかによって評価される。アリストテレスが言うように、「われわれが何を選択するかということは、外面にあらわれた行為以上に、われわれの「倫理的性状《エートス》」の判定に役立つ」のだ（『ニコマコス倫理学』九一頁）。

行為主体に目を向けるとは、その人を形成する性格や動機に配慮するということである。

こうした人格の善し悪しは、一回的な行為のみならず、長期的に持続する気質や習慣によって発揮される。一定の気質や習慣を備えた美徳ある人間を目指すことが、個々の行為を通じて求められているのだ——それは「徳を積む」という日本語に反映されているだろう。問うべきは、その人が誰であるかのみならず、誰になるかであり、ある行為はそれ自体だけではなく、本人の通時的な人格全体のあり方に対してプラスあるいはマイナスに影響する。

　こうした観点から、徳倫理学は「悪さ加減の選択」に対して独特な向き合い方をする。すなわち、仮に正当化されうるとしても、損失を伴う選択を引き受けることは、その人の人格を傷つけるのである。例えばステパンは、革命の成就のためなら二人の子どもの死すらも厭《いと》わない。しかし、このように幾千の子どもたちを救うか、それとも二人の子どもを加害しないか、といった比較に意味があるなどと考えられる人間性それ自体が倫理に悖《もと》るのだ。現代の徳倫理学に先鞭をつけた哲学者エリザベス・アンスコムは次のように言う（「現代道徳哲学」一七四頁）。

> 無実の人間への刑罰を招くような行為を考察の対象から完全に排除すべきか否かという問いが、開かれた問いであるとあらかじめ実際に考える者が誰かいるのであれば——私はその人と議論したいとは思わない。その者はただ頽廃した精神を露わにしているに過

ぎないのだ。

インテグリティと政治・再考

行為主体のあり方を中心に据える徳倫理学は、個人のインテグリティを重視するバーナード・ウィリアムズの立場と通底する——実際、彼は現代の徳倫理学者の一人として見なされることもある。第2章3節で見たように、インテグリティとは、自分の信念に対して正直であることである。そこでは、信念と行動のあいだの統合的な一貫性が保たれる。確かに、自分のインテグリティを保持することは美徳のひとつである。たとえその選択が理想世界の実現を阻むとしても、自分の信念に照らして、カリャーエフには子どもを巻き添えにすることを拒絶する理由があったのだ。

しかし、有徳な人物を目指すことを行為の基準にするというのは、自分本位ではないか。行為の理由が究極的には自分自身への配慮から来ているからである。行為主体が気遣い、行為の真の動機としている対象は、他人ではなく自分である。将来犠牲になるかもしれない幾千の子どもたちを前にして、本人が「正義の人間であろうとしてる」かどうかがそれほど重要なのだろうか。インテグリティを重視することは、自己耽溺《たんでき》——すなわち、何であれ自分自身を参照して物事を決定する自意識過剰な姿勢——に繋がるかもしれない（ウィリアムズ

「功利主義と自己耽溺」)。

第2章3節で見たように、インテグリティを重視することは、政治の世界と必ずしも折り合いが良くない。公職者は、自分の人生を善くするためではなく、社会全般を善くするためにその役割に就くのだ。私たちはインテグリティを理由として、一定の行為を拒絶することができる。公職に就くということは、こうした私的理由を手放すということだ。歴史家のアーサー・シュレシンジャーが言うように、「聖人は純粋でありうるが、政治家は責任感をもたなければならない。他人の受託者として、彼らは利益を守り、信条を曲げなければならない」(「国益と道徳的完全性」一〇九頁)。

心情倫理と責任倫理

ここで参考にしたいのが、ドイツの宗教社会学者マックス・ヴェーバーによる政治家の職業倫理論である。ヴェーバーは第一次世界大戦後、右派・左派運動が入り乱れて政治的に混迷していたドイツで、学生団体の求めに従って今後のあるべき政治を展望する講演を行った。とりわけ有名なのが、敗戦後の復興を担いうる政治家の資質について論じた後半部と、そこで提唱された心情(信条)倫理と責任倫理の区別である。

ヴェーバーは、政治権力を預かる政治家に課せられた職業倫理とは、心情倫理ではなく責任倫理であるべきだと訴える。心情倫理とは、自分の行為の善さを確信し、その結果を省みない態度のことである。目的の絶対善を信じて手段を選ばないことも、逆に手段の絶対善を信じて目的を等閑《とうかん》に付すことも、それぞれ結果に対して無責任である。行為と結果の善悪がつねに合致するとは限らないのが、政治に限らず世の真実である。責任倫理とは、自分の行為の結果を考慮し、その責任を引き受ける態度である。

にもかかわらず、ヴェーバーが理想とする政治家は責任倫理一辺倒でもない。良心に囚われた政治は、政治を誤った道に導くが、良心の欠けた政治は、政治家の資質そのものを脅かす。真の政治家とは、「一切の行為、わけても政治行為を現にその中に巻き込んでいる悲劇性」を直視し、そのことで自らの魂の救済が危うくなっているとの葛藤を心中に抱え続け、にもかかわらず悲壮な覚悟から職業としての政治を志す。「政治の守護神やデーモンは、……そんな内的な緊張関係の中で生きているのである」（『職業としての政治』九三、一一六頁）。

確かにカリャーエフは公職者ではない。にもかかわらず彼は、それがロシア全体のためになるとの信念のもとでセルゲイ大公を暗殺し、自ら死刑に服することを選んだ。ここで彼が、一度目の暗殺未遂で子どもを巻き添えにすることを拒絶したがゆえに、自分を無罪であると考えていないことは重要である。カリャーエフは、セルゲイ大公を暗殺した点で、やはり美徳の喪失を引き受けたのだ。すると、自ら死刑に服するという彼の決断は、「僕は人を殺すために生まれて来たんじゃない」という彼自身のインテグリティを、死を賭して回復する試みだったのかもしれない。

2　責任を引き受ける

いずれにしてもカリャーエフは選択を引き受けた。その結果生じる損失は、彼にどのような責任を負わせるだろうか。政治における「悪さ加減の選択」を引き受けた行為主体は、自分のためではなく、むしろ自分のインテグリティを損なってまでそうしたのだ。その行為主体に対して、さらにその責任まで問うのは酷ではないだろうか。しかし、その選択によって現に損失を被った人もいる。私たちが加害者と被害者、さらには社会全体のそれぞれの事情を視野に入れるとき、責任追及は一筋縄ではいかなくなる。

ひとつの単純な考えは、いかなる責任も負わないということだ。ニッコロ・マキァヴェリいわく、「たとえ、その行為が非難されるようなものでも、もたらした結果さえよければ、それでいいのだ。……もたらされた結果が立派なものなら、いつでも犯した罪は許される」（『ディスコルシ』六八頁）。ステパンの主張にもこれに似た響きがある。はたして本当にそうだろうか。ここでは戦後フランスの論壇から、マキァヴェリズムに対峙しつつ、それぞれの仕方で選択に伴う責任に向き合おうとした二人を紹介したい。

指針①――メルロ＝ポンティの場合

はじめにモーリス・メルロ＝ポンティである。彼は二〇世紀フランスを代表する哲学者であり、現象学にはじまって思想の幅はきわめて広範に及ぶ。また、その政治哲学に限っても、マルクス主義への傾倒から、革命政治路線を手放して議会政治路線に立脚する新しい自由主義を唱えるまで、幾つかの重要な変遷や転向を辿っている。ここではこうした複雑な思想からかなり絞り込んで、彼が一九四七年に書いた『ヒューマニズムとテロル』のみに注目してみたい。

折しも、大粛清をはじめとするソ連のスターリン体制の過酷な実態が世界で明らかになっている頃である。フランスでは、その象徴的な出来事であるモスクワ裁判を描いたアーサー・ケストラーの小説『真昼の暗黒』が戦後に翻訳され、反共感情が高まっていた。この裁判では、ロシア革命の英雄的指導者であったブハーリンやそのほかの共産党員がスターリンと対立して国家反逆罪に問われ、処刑された。不可解であったのは、明らかにでっち上げられた裁判であるにもかかわらず、ブハーリンらが自ら罪を認めたことである。

メルロ＝ポンティはモスクワ裁判を革命裁判の一種と見なす。そこで責任の対象となるのは、歴史的文脈のなかで、人がどのような選択をし、どのような結果をもたらしたかである。ブハーリンが掲げた反スターリン政策は、その後のソ連にとって成功をもたらしたのか、それとも失敗をもたらしたのか。「ブルジョア的正義は究極の審級として過去を持ち出すが、革命的正義は未来を持ち出す」（『ヒューマニズムとテロル』七〇頁）。革命の歴史的行方に照らし合わせて、ブハーリンの選択は主観的にはともかく客観的には有罪であると認められる。

ここで議論の根底にあるのはマルクス主義的な歴史哲学である。それは、無階級社会に向から必然的な歴史の方向性を照らし出している。歴史とは、一定の意味・方位に向けて進んでいるが、人間がそれを完全に把握できるとは限らない。この点で、個々の人間にとって歴史は非決定的であり、根源的に曖昧さを抱えている。「ある活動はそれがめざしていたのとは別のことを産出しうるが、それでも政治家はその諸帰結を引き受ける」のだ。メルロ＝ポンティはこうした責任の引き受け方を、マキァヴェリよりもヴェーバーの思想に見出している（三〇、三四頁）。

同様の観点から、メルロ＝ポンティは暴力の使用についても、その是非を歴史の審判に委ねる。「われわれが受肉している限りで、暴力とはわれわれの宿命なのだ。……重要なのは、そしてまた、論議すべき主題は暴力ではなく、暴力の意義もしくはその未来である」（一五九頁)。革命的正義は、不正義が根絶されたユートピアに向けて暴力に訴える。その是非も、歴史がいかなる意味・方位に導かれるかによって左右されるだろう。スターリン体制も、その一部としてのモスクワ裁判も、それがどのように記憶されるかは歴史の出方次第である。メルロ＝ポンティはこうして、ケストラーに同調して反共主義に傾く当時の風潮に冷や水を浴びせた。同時にそれは、フランスで対独協力者が粛清裁判に処されていったことと重ね合わされている。第二次世界大戦時、フランスはドイツに占領され、親独政権が誕生した。事後的に見れば、対独協力は祖国や国民に対する裏切り以外の何物でもないが、ひょっとしたら戦中当時は、それが祖国や国民を救うためのやむをえない選択だったのかもしれない。どのような政治的判断であれ、その責任は行為主体の意図から離れて決定されざるをえない。歴史の意味・方位によって、ある人の選択は賞賛されもするし、逆に断罪されもするのだ。

指針②――カミュの場合

次にカミュである。彼が『正義の人びと』を執筆した背景には、共産主義革命をどのように評価するかという当時のフランス知識人界の複雑な言論状況があった。カミュは同書執筆と同時期に、『反抗的人間』(一九五一年)という思想書を執筆している。この本のテーマは、「革命《レヴォルシオン》」に代わる「反抗《レヴォルト》」を擁護することである。折しもメルロ＝ポンティの暴力革命肯定論が注目を集めるなかで、逆に暴力を拒絶し、生命を擁護する反抗という行動の内容と意義が語られている。

カミュの思想は「不条理」に向き合うことから始まる。この世界を生きる人間に課せられた限界は、世界が了解不可能な不条理として立ち現れることだ。理性であれ宗教であれ希望であれ、この不条理を超越したいという願望を表しているが、そこに究極的な救いはない。だからといって、ただ不条理を諦念的に受け入れるわけにはいかない——もしそうであれば、人生を自ら断つことになってしまう。第二次世界大戦中の対独抵抗運動を経たカミュは、戦後に世界の不条理にどう向き合うかという課題にあらためて取り組む。

革命思想は、こうした不条理を正面から受けとめることを拒否し、世界を一挙に変革するユートピア主義的解決を目指すなかで、暴力を正当化する傾向になりがちである。それゆえ、「マルキシズムは人間に関しては有罪の、歴史に関しては潔白の教義である。……権力の頂点に立つとき、それは合法的暴力、すなわち恐怖政治と裁判になる恐れがあった」（二一四頁〜）。この指摘が、スターリン体制やモスクワ裁判に関するメルロ＝ポンティの評価に対する鋭い抗議となっていることは容易に読みとれるだろう。

不条理に直面して、そこに究極的な救いはないと知りつつも、現実の制約のなかで最善を尽くすことが、革命思想に代わる反抗思想である。代表作『ペスト』（一九四七年）において、突然のパンデミックに直面し、都市封鎖という極限状況に置かれて、なお黙々と人命救助に励む医師の主人公がこの思想を体現している。不条理な世界という共通の運命に抗うことを通じて、他者と共同性を築き、現実に抗う共犯性を取り結ぶことのなかに、反抗者は自らの正当化を見出す。カミュが言うように（『反抗的人間』二五頁）、

> 不条理の体験では、苦悩は個人的なものである。反抗的行動がはじまると、それは集団的であるという意識を持ち、万人の冒険となる。……反抗は、すべての人間の上に、最初の価値をきずきあげる共通の場である。われ反抗す、ゆえにわれら在り。

図８－２　『反抗的人間』の一節を引用した2014年香港反政府デモ（雨傘運動）のポスター

反抗はときに殺人を必要とするかもしれない――第一次ロシア革命期の若い革命家たちがそうであったように。しかし、これが「○○主義」のような大文字の革命思想と結合して歴史のなかに位置づけられるとき、恐怖政治と裁判が始まる。こうした暴

力は、世界の不条理を解決するどころか、一層濃くするだけである。たとえ憎むべき相手であっても、それを殺害することは、反抗の正当性がそこから引き出される人間の共同性を否定することである。殺人は決して、反抗の正当な手段にはなりえない。

そこでカミュは、選択の責任を歴史の審判に委ねるメルロ＝ポンティとは異なった幕引きを提案する。すなわち、より外面的・社会的なかたちで、「悪さ加減の選択」に対する落とし前を付けることである。これが、本章冒頭で登場したカリャーエフの姿である。彼は大義のために殺人を犯し、かつ殺人が悪であることを確証するためにその罪を引き受けた。「反抗者が殺人を行うようになれば、殺人行為と自分とを一致させる方法はただ一つしかない。つまり、自分の死と犠牲を承知することである」（二五七頁）。

3　「悪さ加減の選択」と私たち

ここまでの議論をまとめよう。そのほかの場面と同様に、政治の世界においても人々はときに「悪さ加減の選択」に直面する。こうした場面で行為主体には、第一にその選択を引き受け、第二にその選択に対して何らかの責任を引き受けることが求められる。とはいえ、もとをただせばこうしたジレンマ状況に置かれたのは本人の過失ではない。むしろその場合に行為主体は、自分自身にとってマイナスの結末を背負うことを承知のうえで、選択とその責任を引き受けるのだ。

ここに、私たちに直接関連する、最後に残された重要な問いがある。それは、「悪さ加減の選択」として下された政治的判断に関して、公職者以外の私たちがどのように向き合うかである。人民主権の理念のもとで、一般市民は政治主体の一角を担っている。私たちは主権者教育のなかで、繰り返し「政治は私たちのもの」だと教わってはこなかっただろうか。だとすると、良かれ悪しかれ、政治的判断の選択と責任は、主権者である市民にとっても無縁ではいられない。

民主的な汚れた手

第2章3節で見たように、代議制民主主義は、公職者と一般市民のあいだで意思決定を分担し、共有する規範的アウトソースの側面をもっていた。それゆえ、もしこうした正統性の手続きが機能しているのであれば、政治的判断の責任の所在もまた、最終的には主権者のもとに返ってきそうである。民主主義社会の主権者は市民なのだから、個別の政治家や政策を支持していたか否かにかかわらず、個々の市民が「自分は知らなかった」では済まされない。

一般的に、被用者がその雇用のなかで引き起こした危害に対して、使用者が責任を負うことを「使用者責任」と呼ぶ。例えば日本の民法でも、「ある事業のために他人を使用する者は、被用者がその事業の執行について第三者に加えた損害を賠償する責任を負う」（七一五条）とある。こうした発想は民事責任上の概念であるが、政治の世界でも転用しうるだろう。すなわち、使用者である市民は、被用者である公職者が行った選択と責任に関しても、使用者として正面から向き合うべきである。

とはいえ、政治的判断は個人的行為ではない。代議制民主主義において、政治責任は、個々の公職者に対しても、いわんや個々の市民に対しても、ブハーリンやカリャーエフが辿ったような過酷な落とし前の付け方を求めるものではない。政治はあくまでも集合的意思決定であり、その責任の取り方も集合的であるはずだ。ここでは、集合的責任の割り当てをめぐる複雑な問題は措いておく。むしろ責任追及を、非難の矛先を向ける犯人探しとして捉えるよりも、「悪さ加減の選択」とその責任に社会全体がどのように向き合うかという政治的課題の一種として捉えたい。

責任を政治的に引き受ける

ところで、本書が取り上げてきた議論はあまりにも行為主体目線だったかもしれない。軍隊の秩序を守るために厳罰に処されたビリーは何を感じたのか。人類全体の幸福のために救助を後回しにされたフェヌロンの邸宅の女中は何を思ったのか。ハイジャック機の乗員乗客は撃墜される瞬間まで何を願ったのか。口封じの是非について議論するアメリカ軍人の姿は縛られた山羊飼いの眼にどう映ったのか。こうした逆の目線からジレンマ状況を見直せば、根本的に違った風景が見えてくるはずである。

そこで、非難の矛先を向ける犯人探しという責任追及の形態から離れ、別の責任のあり方に目を向けてみよう。ひとつの手がかりが、責任の意味をめぐる負担責任と応答責任の区別である（瀧川『責任の意味と制度』四～五章）。「負担責任」は、責任を誰かに対して帰属・分配される実体として捉える。それに対して「応答責任」は、英語の「レスポンシビリティ」が示すように、責任を誰かが別の誰かに対して応答する関係として捉える。後者の考えの背景にあるのが、加害と被害を一体のものと見なし、加害者と被害者の関係性の正しさを問う匡正的《きょうせい》正義の観点である。

具体的に、私たちが被害者との関係のなかで引き受ける責任は、「悪さ加減の選択」によって生じた損失を、謝罪や補償を通じてなるべく回復するよう努めることである。はじめに謝罪であり、被害者やその近親者に対して事態を説明し、哀悼の意を表することや、式典を催すことが考えられる。次に補償であり、被害者やその近親者に対して補償金や見舞金を支払うことが考えられる。責任を引き受けるという応答行為は、被害が存在したという事実を社会的に認定し、被害者の地位を社会的に取り戻す象徴的意味合いももつだろう。

同時に、ここでの謝罪や補償は将来向きの責任も伴っている。すなわち、同じことを今後できるだけ繰り返さないという約束を含んでいるのだ。脇見運転する自転車が私にぶつかってきたとしよう。もし運転手が、私に対して相応の謝罪や補償を申し出たのち、以前と同じように脇見運転しながら走り去ったとしたら、謝罪や補償の誠実さそのものが疑われるだろう。同様に、もし行為主体が「悪さ加減の選択」に対して心残りや後悔の感覚、罪悪感を抱いているなら、それは同じ選択を今後できるだけ繰り返さないという将来の行動に繋がるはずである。

どのような「加減」を選ぼうとも、「悪さ」はそれ自体悪であり、決して善ではない。キャロル・ギリガンが言うように、「モラル・ジレンマは傷を必然的に伴うという点で、深刻である。……このジレンマの発生そのものに、この社会の不正義が現れている」（『もうひとつの声で』二五三頁）。実際、本書で検討してきた諸々のジレンマ状況に対しては、絶えず疑問が思い浮かぶだろう――なぜ加害しなければならないのか。なぜ見捨てなければならないのか。この疑問を捉えて離さないことが重要である。

丸山眞男は、「現実というものを固定した、でき上がったものとして見ないで、その中にあるいろいろな可能性のうち、どの可能性を伸ばしていくか」を、「可能性の技術」としての政治に相応しい思考法として示した（「政治的判断」三五七頁～）。悪と悪のあいだの選択という現実もまた、固定されたものではなく、変えられるし、変えるべきである。ともすれば露悪的ともなりがちな政治的判断の只中で、「過ちは繰り返さない」という集団的決意にこそ、政治に相応しい責任の終局的指針があるのではないか。

具体例——アルジェリア問題

そこで、完全に適切な例とは言えないが、「悪さ加減の選択」に対して事後的に向き合ってきた例を挙げよう。第5章1節で見たように、戦後のアルジェリア問題に際して、フランスは拷問も含む強硬な鎮圧措置をとってきた。独立を断固認めないフランスの言い分は、今から見れば無論時代錯誤的である。その一方で、民族解放戦線（FLN）がテロリズムを含む暴力闘争を仕掛け、一〇〇万人を超えるフランス系住民——ちなみに、カミュもアルジェリアで生まれ育ったフランス人の一人である——の安全が脅かされていたことも事実である。

映画『アルジェの戦い』（一九六六年）には、独立運動を取り締まる軍人と記者のあいだで次のようなやり取りが出てくる。

「マチュー中佐、空挺師団は大きな成果をあげていますが、手段に問題ありとの指摘もあります」

「成果は手段の結果であり、切り離すことは不可能だ」

「この際、もっと明確な言葉を使いませんか？　「拷問」という言葉です」

「我々は警察が用いるのと同じ合法的な尋問を行っている。……裁判にかければ最短でも数か月かかる」

「しかし、それが合法です」

「では街に爆弾を仕掛けるのは合法か？」


問われるべきは、こうした手法に対してフランス国内がどのように向き合っていたかである。アルジェリアでの当局の問題含みの対応は、当時メディアを通じて明らかになっていた。ジャン＝ポール・サルトルは、「拷問についてはすべての人がそのうわさを耳にしている」はずであると証言している。にもかかわらず、国内世論のなかで人々の多くは沈黙を貫き、無知を装っている。民主主義社会において、市民のこうした態度それ自体がひとつの罪である。「われわれは無罪ではない、汚れているのだ」（「みなさんは素晴しい」四五頁）。

結局、国内的・国際的非難の高まりのなかで、一九六二年に和平協定が結ばれ、アルジェリアは独立を達成した。しかしその後も、フランス国内でアルジェリア問題について語ることはタブー視され、『アルジェの戦い』もしばらく上映禁止処分になっている。フランスはその後、経済協力を通じてアルジェリアと友好関係を保ちつつも、植民地時代を含む過去の記憶に関して忘却政策を続けてきた。フランスで公式に「アルジェリア戦争」と呼称されるようになったのは一九九九年のことである。

今世紀に入って風向きが変わる。退役軍人のポール・オサレスが、アルジェリア戦争当時、テロ掃討を任務とする特別部隊の隊長として多数の独立運動家を拷問・殺害していたことを回顧録で公にしたのだ──ちなみに、オサレスをモデルにしたとされる人物も登場するジャン・ラルテギーの小説は、〈時限爆弾〉のシナリオの初出であるらしい（『名誉と栄光のためでなく』四二二頁〜）。シラク大統領はこの件に関する調査と処分を軍に求め、オサレスは軍籍と勲章を剝奪された。こうした出来事を通じて、フランスは「汚い戦争」をめぐる歴史の暗部にふたたび向き合うことになる。

二〇一八年、マクロン大統領は、アルジェリア独立を支持していた大学教員がフランス軍に拘束され、拷問を受けた末に死亡したという事実を公式に認め、未亡人に面会して謝罪した。二〇二一年には、アルジェリア史の研究者バンジャマン・ストラが両国の和解に関する報告書を作成し、それを受けてマクロン大統領は、オサレスの著書によって明らかにされていた、別の弁護士の死がフランス軍の拷問による殺害であったことを認めた。

もちろん、責任の引き受け方をめぐって一義的な正解はない。謝罪や補償をしようにも、被害者当人に届かないことも多いし、たとえ届いても取り返しがつかないことも多い。また、アルジェリア問題をめぐるフランスもそうであるように、いわゆる歴史認識問題として、過去の出来事をどのように評価するかも、国家間で、あるいは自国内ですら一様ではない。こうした経験から学べることは、さらなる責任問題を考え続けるための基礎として、また加害者と被害者を結びつける手がかりとして、まずは真実を解明し、記憶していくことだろう。

4 まとめ――サルトル＝カミュ論争

カリャーエフが引き受けた選択と責任を、カミュ自ら解読したともいえる『反抗的人間』は、出版後ただちに反響を巻き起こした。実存主義文学の同志として見られていたサルトル派は同書に反発し、フランシス・ジャンソンによる書評を皮切りに、いわゆる「サルトル＝カミュ論争」が巻き起こったのである。サルトル派は、カミュが革命と反抗という観念的対立を通じて現実の革命闘争の意義を後退させ、間接的に抑圧に加担しかねないと批判した。こうした批判に対してカミュも応答し、両派は絶縁状態にまで陥った。

アルジェリア問題をめぐっても、カミュとサルトルは対照的な立場をとった。第5章4節で触れたように、サルトルはアルジェリア独立運動に共感的に関与し、植民地主義の廃絶のためにはあらゆる手段が許されるという被植民地人の思いを代弁した。その一方で、アルジェリア出身のフランス人という二重の立場に置かれたカミュにとって、この問題はまったく他人事ではない。フランス人とアルジェリア人の共存を唱え、あくまでも暴力手段を排することを訴えたが、当時の分断的な社会状況のなかでは孤立と沈黙を余儀なくされた。

カミュの思想は、いついかなる場合でも暴力や殺人を拒絶する絶対平和主義ではない。政治の世界はときに、カリャーエフのような暗殺者を生み出すかもしれない。にもかかわらず、彼が求めているることは、暴力を暴力として、殺人を殺人として受けとめることである。目的の善を絶対視することは、手段の悪を等閑視することに繋がる。第二次世界大戦やスターリン体制という巨大な暴力を潜り抜け、今また母国のアルジェリア問題に直面していたカミュにとって、まさにこれが問題の核心であった。

アルジェリア側は独立を達成するための暴力手段を正当化し、フランス側は独立を阻止するための暴力手段を正当化する。向きは違えども、「目的は手段を正当化する」型のマキァヴェリズムに則《のっと》っている点は共通している。アルジェリア問題が深刻化する前から、カミュはこの論理を反転させ、目的ではなく手段の次元を反抗思想の中心に据えていた。「目的が手段を正当化するだろうか？　そうかもしれない。だが誰が目的を正当化するのだろうか？

この問いに対して、……反抗は「それは手段だ」と答える」(『反抗的人間』二六六頁)。

この謎かけのような言葉をどのように受けとめたらよいだろうか。筆者に明確な正解は見つからない。本書がこれまで辿ってきた「悪さ加減の選択」の本質を踏まえれば、ひょっとするとカミュ本人にとってさえ明確な正解は見つからない問いなのかもしれない。ともあれ、彼自身の思索は唐突に終わりを迎える。一九六〇年、彼はアルジェリア問題の終結を見ることなく、不慮の事故により四六歳で亡くなったのだ。絶縁状態に陥っていたサルトルは、追悼文に以下のようなメッセージを残した(「アルベール・カミュ」一〇三頁)。

頑強で、偏狭で、純粋なユマニスム、峻厳で感覚的なる彼のユマニスムは、現代の大規模で醜悪な事件にたいして、勝算の疑わしい戦いを挑んでいた。しかし、逆に言えば、その拒絶の根強さによって、彼は現代のさなかで、マキャヴェリアンに抗し、レアリスムの金の仔牛に抗しつつ、モラルというものの実在を改めて確認し直したのである。

終章　政治哲学の行方

本書では、政治的判断の特質として「悪さ加減の選択」に注目し、それが具体的に私たちにどのような選択を迫るかを多面的な角度から捉えてきた。「はじめに」で書いたように、本書は「講義」と銘打ちながらも、従来の政治哲学の内容からするとかなり選択的かつ異色である。それは、正しくあるいは善く生きるどころか、複数の悪のなかでどちらを選ぶべきかという問いを前景化している。こうした角度からの政治哲学の語り口もあるのだということを示唆できれば幸いである。

もちろん、本書から直接的な政治的判断の処方箋を引き出せるかどうかは別問題である。筆者なりの観点も反映されていることは拭えないものの、個々の選択事例において一義的な正解があるわけでもないし、それを支える規範理論も一様ではない。本書冒頭でも示唆したように、「悪さ加減の選択」は民主主義社会において、究極的に主権者である私たち一般市民にとっての選択でもあるのだ。本書の主たる提案は、こうした困難な選択に直面してもなお、そこには熟慮や討議に資するはずの一定の道理や理屈があるべきだということだ。

本書の読後感は人それぞれだろう。一方で、ここでの政治哲学は、あまりにも政治の負の側面に焦点を当てすぎていると見られるかもしれない。他方で、政治や政策の現場に何らかのかたちで携わっている人からすれば、依然としてあまりにも観念的で現実からかけ離れた空理空論に映るかもしれない。この辺の按配は書き手によっても読み手によっても変わるものであり、その意味では本書はあくまでも筆者印の政治哲学ということになるだろう。その成否は読者諸氏に委ねたい。

本書のねらいは、政治における「悪さ加減の選択」を、小説や挿話のような作品を通じて読み解くところにあった。具体的には、『アンティゴネー』のような紀元前の作品から、『テロ』や『アフガン、たった一人の生還』のような今世紀の作品まで、時代としてもジャンルとしてもかなり幅広く扱ってきた。こうした作品群に基づきつつも、ある程度一貫した政治哲学の筋書きが描けるということは、政治の世界における「べき」(規範)の問題が、根本的には通底したままであることの証拠でもある。

それでは、現在を超えた将来において、政治の世界はどのような姿かたちをとっていくだろうか。本書を通じて「悪さ加減の選択」を掘り下げようとしてきたことの意味を、以下、最後の作品を通じて展望的に眺めてみよう。

AIと「悪さ加減の選択」

ロボットSFの金字塔であるアイザック・アシモフの小説『われはロボット』(一九五〇年)は、ロボット工学の三原則を中心に話が進む。その第一条は「ロボットは人間に危害を加えてはならない」である。これはロボットにとって字義通り絶対不可侵の掟であり、ロボットの進化に対して警戒心を抱く人々を安心させるために、すべてのロボットにはこの「いの一の原則」が必ず組み込まれている。しかし、そのようにプログラムされているがゆえに、ロボットはときに機能不全に陥ることもある。

本書には、たまたま人間の心を読むことができるロボットのハービイが登場する。ハービイはその能力によって、自分の言葉が人間を喜ばせたり、逆に傷つけたりすることにも気づいてしまう。しかし、ロボットにとって原則一条は絶対不可侵である。たとえ真実であっても、もしそれが人間を傷つける内容であるならば、決してその言葉を発することはできないのだ。だが、内容を伝えないことは、それはそれで人間を傷つけるかもしれない。人間科学者たちから自らの能力が生じた原因を詰問されて、ハービイは次の葛藤に直面する。

選択1　答えを教えれば人間を傷つける
選択2　答えを教えなければ人間を傷つける

ハービイはどうしても選ぶことができない。どちらにせよ人間を傷つけざるをえないという「悪さ加減の選択」に直面して、正解に辿り着けなかったハービイは、ついには故障を起こして機能停止してしまう。ハービイを袋小路に追い込んだ主人公のロボ心理学者スーザン・キャルヴィンが言ったように、「わたしは彼を、解くことのできぬジレンマに対決させた、そして彼は壊れてしまった」（二〇七頁）。どうやら、ロボット工学の諸原則もまた、損失が不可避となるジレンマ状況に対応すべく改訂される必要がありそうだ。

現実世界に目を移すと、今世紀の私たちは、人工知能（AI）の新たな発展を目の当たりにしている。例えば自動運転車。自動車が自動運転化されることで、私たちの生活は大きく改善するだろう。一般向けにも、通勤時や旅行時の運転から解放される。社会インフラとしても、移動弱者・交通弱者にとっての生活の手立てが確保される。ヒューマンエラーによって引き起こされる交通事故の防止も期待されるし、長距離輸送における人手不足や勤務負担に対する抜本的な解決策にもなるだろう。

しかし、本書冒頭のエピグラフで引用したように、「どんなよいことにも、なにかと都合の悪いことが背中合わせとなっている」ものである。人間ではなく機械が自動車を運転するようになれば、ＡＩ技術のなかにさえ規範的問題が生じるだろう。例えば次の場合を考えてみよう。

〈交通事故〉：自動運転車が所有者とその家族一人を乗せている。突然ブレーキが故障し、直進すれば横断歩道にいる五人の通行人を轢きかねない。急ハンドルで衝突を回避すれば、側道の壁に激突して搭乗者が死傷するだろう。はたして自動運転車はどのような行動をとるべきか。

不偏的観点からは、数の問題として五人の被害よりも二人の被害のほうがまだマシだと思われるだろう。自動運転車は急ハンドルを回すようにプログラムされるべきである。とはいえ、車内の所有者やその家族よりも、車外の見知らぬ他人を優先するようにプログラムされた自動運転車が、はたして消費者から選ばれるだろうか。いずれにしても、〈交通事故〉では誰かの被害は避けられない。ハービイが直面した「悪さ加減の選択」に、今度は製造者が、はては自動運転車それ自体が直面することになるだろう。

AI時代の政治哲学

AI化の波はいずれ政治にも訪れるかもしれない。例えば、個々の政治的判断の場面で、AIに判断を尋ねてみるのはどうだろうか。すでに司法では、判決に当たりAIを活用することが試されている。AIは膨大な条文や判例を瞬時に解析し、人間裁判官よりも公正な判決を下すことができるかもしれない。同様に、政治の世界においても、人間政治家による判断がAIによって支援あるいは代替されることを想像できる。

人間の意思決定においてAIへの依存が高まる現象は、アルゴクラシー（アルゴリズム支配）と呼ばれる（Danaher, "The Threat of Algocracy"）。それを予見するかのようなエピソードが『われはロボット』にある。作中後半には、あまりにも高潔かつ有能であり、その中身が実はロボットであるかもしれないと噂される——真相は作中でも明かされない——法律家スティーヴン・バイアリイが登場する。市長選に当選し、就任する直前のバイアリイに会ったキャルヴィンは、その噂を話題にしながら、ロボットが人間を支配する可能性について次のように語っている（三五六頁）。

もし行政長官の能力をそなえたロボットが製作されたら、それは行政官として最高のものになるでしょうね。ロボット工学三原則によれば、彼は、人間に危害を加えることは

図終－1　イギリス議会総選挙にAI政治家が立候補したことを伝えるニュース（CNN、2024年6月26日）

できないし、圧政を敷くことも、汚職を行なうことも、愚行に走ることも、偏見を抱くこともできないのですからね。

アルゴクラシーの展望をユートピアと見るかディストピアと見るかの評価は人によって分かれるだろう。昨今では、自分自身の意見や主張よりも、ＡＩの代弁者として政治活動することを公約として掲げる候補者が、現時点では少数ながら国内外で見られるようになっている。ＡＩはＳＮＳを含むビッグデータに基づき、世論が求める政策を柔軟に設計することができるし、法律の条文を生成することもできるだろう。生身の政治家に代えてアルゴリズムが政治を支配する政治家不要論もありえない話ではない（成田『22世紀の民主主義』）。

さてそれでは、政治的判断をＡＩに委ねるとして、ロボット政治家が備えるべきＡＩ倫理はどのようなものになるだろうか。おそらくそれは、これまで本書で取り上げてきた規範理論を組み合わせたものになるだろう。一方で、確かに政治の世界では、功利主義的観点から数の問題がものを言う。他方で、命の選択のようなシビアな局面では、義務論的制約の効力を無視すべきではない。模範的な政治家像をあらかじめインプットしておいて、個々の政治的判断の局面ではその人物が下しそうな判断を参照点とする徳倫理学的方法も考えられる。

ともあれ、ほかの何を手放したとしても、人間が「べき」（規範）の問題をも手放すわけにはいかないだろう。自らが導いた判断が正しい／正しくないといった評価をＡＩが下すわけではないからだ。それは例えば、生成ＡＩが生み出す文章や画像を見て、「これは何かおかしい」と直観できるのが人間だけなのと同様である。ＡＩがどのような理論のもとどのような判断を下すかは、プログラムあるいはビッグデータを通じて、究極的には人間の判断に依拠している。その意味で、規範とはどこまで行っても人間自身のためのものだ。

ＡＩ倫理に一義的な正解はない。なぜなら、日々の政策論争や政権選択の機会で問われているように、私たちが生きる政治の世界では、そもそも究極の正解は望めないからである。むしろ私たちにとって、その都度の暫定的な正解を模索する過程それ自体が政治と呼ばれるものだ。「悪さ加減の選択」を含む政治的判断の必要性に直面して、ＡＩはどう判断すべきか――すなわち、私たちはどう判断すべきか。ＡＩ時代が目前に迫っている今日でこそ、「正義とは何か」をめぐる政治哲学の探究が私たちに一層求められている。

あとがき

本書のあとがきを記すにあたり、同じ出版社から一二年前に公刊した前著『平和主義とは何か——政治哲学で考える戦争と平和』に遡ってみたい。筆者はそこで、平和主義を「絶対平和主義」と「平和優先主義」に区別したうえで、後者に立脚しつつ、正戦論や現実主義といったそのほかの理論的立場との比較検討を行った。同書執筆後に関心として芽生えたのは、平和を優先しつつも、それを乗り越える境界事例がどうなっているのか、その規範的現象を解明することだった。

その後の研究では、前著で理論的対抗軸として示した正戦論や現実主義にむしろ研究の主軸が移っていった。戦争を含むある種の行為が「悪」だとして、ではなぜその悪がときに許されるのかに関心が向いたのである。本書はマキァヴェリの引用で始まり、マキァヴェリズムに抗するカミュへの言及で終わった。振り返ってみると、前著の執筆後に抱いた関心が本書となり、結果的に円環のようなかたちになったと、個人的には感じている。

それは同時に、政治哲学の「政治」性をより深く掘り下げてみようという問題意識と重なっていた。一〇年前に公刊した別の著書『応用政治哲学――方法論の探究』(風行社)では、世界を眺める私たちよりも、世界を生きる私たちにとって有意味な規範理論の探究を「政治倫理学」と呼んだことがある。本書では、政治における「悪さ加減の選択」を手がかりに、その一端に取り組んだつもりである。筆者自身は今後、本書で示したような政治的判断の特質をもう少しフォーマルに形式化できないかと考えている。

本書の構想が始まったのが何時なのかを正確に遡ることは難しい。本書で取り上げたさまざまな議論は、自分がこれまで書いてきた著作物のなかにかなり広範にわたってしまわれていたことに、執筆しながら気づくことになった。その意味では、本書は刊行するまでにだいぶ時間がかかったことになる。また本書執筆中、カミュの亡くなった年齢が、奇しくも現在の筆者と同じ年齢であることに気づかされ、人生が進む速さを思い知った次第である。

本書刊行までに頂いた学恩は数知れない。ここでは限られた方々のみ挙げることをお許しいただきたい。筆者が現在事務局を務める現代規範理論研究会では、有賀誠先生と松井暁先生から多くのご支援を頂いてきた。井上彰先生、岩崎正洋先生、宇佐美誠先生、佐野亘先生、田村哲樹先生から頂いた共著や共編著、叢書の執筆機会を通じて、自分の思索を広げることもできた。市川ひろみ先生や岩崎先生、宇佐美先生からは共同研究に参加する機会も頂いた。筆者が『法と哲学』編集委員を務めるきっかけを頂いた井上達夫先生と宇野重規先生にも感謝の意を表したい。政治的リアリズムの規範理論を精緻化したいという思いつきに対して、山岡龍一先生から後押しの言葉を頂いたことも記憶に残っている。

また、本書の内容は、関西大学「政策規範論」、日本大学「政治哲学」「平和学」、早稲田大学「国際政治思想」、慶應義塾大学大学院「現代政治思想」などの講義を担当するなかで、徐々に蓄積してきたものである。慶應義塾大学大学院「プロジェクト科目」、名古屋大学大学院「現代政治学研究」では、本書に直結するかたちで話をする機会を頂いた。現本務校のゼミの皆さんには、実際に本書の草稿にも目を通してもらった。半ば手探り状態でもあった筆者の思索に付き合っていただき、ときに鋭い質問でその幅を広げてくれた受講生に感謝したい。

実際に本書の企画が動き出してからも、刊行までには紆余曲折としばらくの歳月がかかった。「講義」と題しつつも、かなり個別的な問題意識が反映された本書を世に送ることを認めていただいた出版社に感謝したい。前著に続いて企画を担当し、最終的な内容・構成になるまで幾度となく相談に乗っていただいた田中正敏さんにはただ御礼を述べるほかない。田中さんの社内異動ののち、編集を担当していただいた胡逸高さんにも、本書の内容を全体にわたって丁寧に確認していただいた。

この間、家族の存在によって支えられたことも大きい。妻智恵の力添えがなければ、執筆の長丁場を乗り切ることもできなかっただろう。本書で参考にした映画や作品は、妻との日常生活のなかで培ってきたものでもあり、その存在なしには本書の体裁もありえなかった。実両親や義両親から折に触れて頂く温かい励ましの言葉も、私にとっては貴重な人生の糧であった。現在の自分が本書のような著作に携われたのも、こうした家族からの支えがあってこそであると、あらためて実感している。

最後に、学部・大学院時代からの恩師萩原能久先生について触れたい。以前、本書のもととなるアイデアを大学院科目のゲスト講義でお話しし、先生からも好意的な反応を頂いたように思う。実際、ウォルツァーや正戦論をはじめとする本書の議論の端々には、二〇年以上にわたる先生とのやり取りが刻印されている。本書を謹呈し、昔のように先生から叱咤激励を受けることを楽しみにしていたのだが、突然のご逝去によりかなわなくなってしまった。もう少し早くに刊行できていればという思いが残るばかりである。本書を萩原能久先生に捧げたい。

二〇二五年三月

松元雅和

読書・作品案内

ここでは、本論で直接引用・参照した文献のほかに、本書を執筆するなかでとくに参考にした文献、また本書の内容についてさらに読み進めたいと思う方にお薦めできる文献や作品をリストアップする。「講義」の性質上、派生的論点も含めてかなり幅広く取り上げた。

†はじめに

コヴェントリーに関するチャーチルの説話については、**永井陽之助『歴史と戦略』**（中公文庫、二〇一六年）三章で詳しく扱われている。類似の状況は、「ウルトラ」に携わっていた数学者アラン・チューリングを描いた映画**『イミテーション・ゲーム――エニグマと天才数学者の秘密』**でも翻案されている。

本書が依拠するウィリアムズ、ネーゲル、ウォルツァーについて、それぞれの主要著作の邦訳はある程度出揃っている。「不正義」という切り口からの正義論については、**姜尚中・齋藤純一編『逆光の政治哲学――不正義から問い返す』**（法律文化社、二〇一六年）、**J・シュクラー『不正義**

とは何か』（川上洋平・沼尾恵・松元雅和訳、岩波書店、二〇二三年）が、「悪」という切り口からの正義論については、**太田義器・谷澤正嗣編**『**悪と正義の政治理論**』（ナカニシヤ出版、二〇〇七年）、**熊野純彦・麻生博之編**『**悪と暴力の倫理学**』（ナカニシヤ出版、二〇〇六年）がまとまっている。

丸山の「悪さ加減の選択」論については、**大井赤亥**『**政治と政治学のあいだ――政治学者、衆議院選挙をかく闘えり**』（青土社、二〇二三年）九章、**苅部直**『**ヒューマニティーズ政治学**』（岩波書店、二〇一二年）四章なども参照。

†第1章　「悪さ加減の選択」――ビリー・バッドの運命

『ビリー・バッド』の思想的読み解きとしては、**P・ウィンチ**「**道徳判断の普遍化可能性**」『倫理と行為　新装版』（奥雅博・松本洋之訳、勁草書房、二〇〇九年）、**國分功一郎**『**中動態の世界――意志と責任の考古学**』（医学書院、二〇一七年）九章、**森川輝一**「**メルヴィルを読む――空間と力をめぐる政治思想**」堀田新五郎・森川輝一編『講義　政治思想と文学』（ナカニシヤ出版、二〇一七年）などが参考になる。

本書におけるジレンマの理解は、**C. W. Gowans**, *Innocence Lost: An Examination of Inescapable Moral Wrongdoing* (New York: Oxford University Press, 1994), ch. 1; **D. Statman**, *Moral Dilemmas* (Amsterdam: Rodopi, 1995), ch. 1 に負っている。これは、テランス・マコーネルやウォルター・シ

ノット＝アームストロングのような「解決不可能性」に焦点を置く理解とは異なっていることに留意してほしい。

悲劇的選択については、**信原幸弘『情動の哲学入門——価値・道徳・生きる意味』**（勁草書房、二〇一七年）四章、**R・ハーストハウス『徳倫理学について』**（土橋茂樹訳、知泉書館、二〇一四年）三章を参照。悲劇的選択における後悔の感情については、**古田徹也『それは私がしたことなのか——行為の哲学入門』**（新曜社、二〇一三年）三章四節も参考になる。悲劇性を含むジレンマ状況は多くの作品において取り入れられている。第二次世界大戦時、強制収容所に送られたソフィーが直面する「選択」はその極限的な事例である（**W・スタイロン『ソフィーの選択　上・下』**〔大浦暁生訳、新潮文庫、一九九一年〕）。

ジレンマや悲劇的選択に対する理性主義的解決については、**R・M・ヘア『道徳的に考えること——レベル・方法・要点』**（内井惣七・山内友三郎監訳、勁草書房、一九九四年）二章を参照。最善の選択をしたはずなのに心残りが生じるという後悔の問題は、最善の選択がわかっているはずなのにそれを選択できないというアクラシア（意志の弱さ）の問題と隣り合わせである。後悔もアクラシアも、問題の理性主義的解決に関して疑問を投げかける。詳しくは**D・デイヴィドソン『行為と出来事』**（服部裕幸・柴田正良訳、勁草書房、一九九〇年）二章を参照。

政治の定義や公共の利益、利害の対立について、筆者は**『公共の利益とは何か——公と私をつなぐ政治学』**（日本経済評論社、二〇二一年）一～二章でより詳しく取り上げた。利害の対立の根本には、価値そのものが多元的であり、ときに対立しうるという価値多元論がある。T・ネーゲル「**価値の分裂**」『コウモリであるとはどのようなことか　新装版』（永井均訳、勁草書房、二〇二三年）、B・ウィリアムズ「**諸価値の衝突**」『道徳的な運――哲学論集一九七三～一九八〇』（伊勢田哲治監訳、勁草書房、二〇一九年）を参照。

マシな悪の倫理については、M・イグナティエフ『**許される悪はあるのか？――テロの時代の政治と倫理**』（添谷育志・金田耕一訳、風行社、二〇一一年）一章、H・J・モーゲンソー『**科学的人間と権力政治**』（星野昭吉・高木有訳、作品社、二〇一八年）七章も参照。筆者自身は、「**自由の制限はいつどのように許容されうるか――チルドレス諸原則の分析**」岩崎正洋編『コロナ化した世界――COVID-19は政治を変えたのか』（勁草書房、二〇二四年）でマシな悪の内容と構造についてより詳細を論じた。

†第2章　国家と個人――アンティゴネーとクレオーンの対立

『アンティゴネー』読解は各分野で枚挙にいとまがない。本章4節で触れたヘーゲルは、『**精神現象学　下**』（熊野純彦訳、ちくま学芸文庫、二〇一八年）精神章Aで同書のジレンマ図式に依拠しながら弁証法的構造を説明している。この読解のジェンダー論的批評としては、J・バトラー『**アンティゴネーの主張――問い直される親族関係**』（竹村和子訳、青土社、二〇〇二年）二章を参照。

スミスの同感に基づく不偏的観察者論については、D・D・ラフィル『**アダム・スミスの道徳哲**

学――公平な観察者』（生越利昭・松本哲人訳、昭和堂、二〇〇九年）が詳しい。同論は近年、「閉鎖的不偏性」に代わる「開放的不偏性」を示すものとして再評価されている（A・セン『**正義のアイデア**』〔池本幸生訳、明石書店、二〇一一年〕六章）。

偏向的観点／不偏的観点の区別は、発達心理学分野でも注目されてきた。ローレンス・コールバーグは、不偏性の獲得をより高次の道徳として位置づける（「「**である」から「べきである」へ**」永野重史編『道徳性の発達と教育――コールバーグ理論の展開』〔新曜社、一九八五年〕）。彼はそこで求められる不偏性を、スミスの不偏的観察者論にも触れつつ、G・H・ミードの「役割取得」のモデルで示している（六〇頁）。ケアの倫理に先鞭をつけたギリガンは、こうした道徳の発展段階説に異を唱える（『**もうひとつの声で――心理学の理論とケアの倫理**』〔川本隆史・山辺恵理子・米典子訳、風行社、二〇二二年〕二～三章）。ギリガン以降のケアの倫理でも不偏的観点の評価は争点となっている。肯定的評価としてはH・クーゼ『**ケアリング――看護婦・女性・倫理**』（竹内徹・村上弥生監訳、メディカ出版、二〇〇〇年）六～七章を、否定的評価としてはN・ノディングズ『**ケアリング　倫理と道徳の教育――女性の観点から**』（立山善康他訳、晃洋書房、一九九七年）二・五章を参照。

正義の女神における目隠しの意味については、**村上裕「目隠しされた正義の女神」**森征一・岩谷十郎編『法と正義のイコノロジー』（慶應義塾大学出版会、一九九七年）がある。所変わり、江戸時代に三〇年以上京都所司代を務めた板倉重宗は、「愛憎の在るところ偏頗生ずるは、免れ難き人情である」として、障子を隔てて裁判に当たったという（穂積陳重『**法窓夜話**』〔岩波文庫、一九八〇年〕一二〇頁重引）。司法・裁判における偏向的観点／不偏的観点の葛藤については、映画『**ミュージックボックス**』や『**コリーニ事件**』が考えさせられる。

統治者に対して求められる不偏性については、**安藤馨**『**統治と功利――功利主義リベラリズムの擁護**』（勁草書房、二〇〇七年）六章、**同**「**あなたは「生の計算」ができるか？――市民的徳と統治**」『ラチオ』六号（二〇〇九年）も参照。政治において不偏的観点をとることの積極的評価としては**H・アーレント／R・ベイナー編**『**カント政治哲学の講義　新装版**』（浜田義文監訳、法政大学出版局、二〇〇九年）七講を、懐疑的評価としては**I・M・ヤング**『**正義と差異の政治**』（飯田文雄・苅田真司・田村哲樹監訳、法政大学出版局、二〇二〇年）四章を参照。

インテグリティをめぐるウィリアムズの議論については、例えば**渡辺一樹**『**バーナード・ウィリアムズの哲学――反道徳の倫理学**』（青土社、二〇二四年）二章を参照。ウィリアムズはその後、不偏性を掲げる道徳性一般のスタイルを批判的に論じるようになる（『**生き方について哲学は何が言えるか**』〔森際康友・下川潔訳、ちくま学芸文庫、二〇二〇年〕五章）。

偏向的観点に軸足を置くウィリアムズに対して、ネーゲルは――著作や時期によって力点の違いはあるが――観点の多重性を重視している。『**どこでもないところからの眺め**』（中村昇他訳、春秋社、二〇〇九年）九章、『**理性の権利**』（大辻正晴訳、春秋社、二〇一五年）六章、「**主観的と客観的**」『コウモリであるとはどのようなことか　新装版』（永井均訳、勁草書房、二〇二三年）、『**利他**

主義の可能性』（蔵田伸雄監訳、勁草書房、二〇二四年）一一章を参照。

†第3章　多数と少数――邸宅の火事でフェヌロンを救う理由

ゴドウィンと功利主義の関連については、**児玉聡『功利主義入門――はじめての倫理学』**（ちくま新書、二〇一二年）三章、**P・シンガー『人命の脱神聖化』**（浅井篤・村上弥生・山内友三郎監訳、晃洋書房、二〇〇七年）二章が有益である。ゴドウィン自身、「人類全体は、大地の表面に散らばった一家族にほかならぬ。すべての人民は、兄弟だから、兄弟として愛し合わなければならぬ。……真の栄光は人類愛以外にはない」というフェヌロンの思想から影響を受けていたのかもしれない（**『テレマックの冒険　上』**［朝倉剛訳、現代思潮社、一九六九年］二三七頁）。

功利主義と不偏性については、**J・グリーン『モラル・トライブズ――共存の道徳哲学へ　上』**（竹田円訳、岩波書店、二〇一五年）八章、**若松良樹『センの正義論――効用と権利の間で』**（勁草書房、二〇〇三年）一章を参照。功利主義は、本書で取り上げた「総和主義」と「帰結主義」に加えて、「厚生主義」の観点からも特徴づけられる。これら三点の理論的検討としては、**安藤馨『統治と功利――功利主義リベラリズムの擁護』**（勁草書房、二〇〇七年）二部が包括的である。

人格の別個性について、より詳しくは**井上彰「功利主義と優先主義――人格の別個性を切り口に」**若松良樹編『功利主義の逆襲』（ナカニシヤ出版、二〇一七年）、**林芳紀「ロールズの功利主義批判と「人格の別個性」の問題」**『倫理学研究』三三号（二〇〇三年）を参照。ロールズはヒュームを参照しつつ、スミスの不偏的観察者論と功利主義を重ね合わせているようであるが（『**正義論改訂版**』〔川本隆史・福間聡・神島裕子訳、紀伊國屋書店、二〇一〇年〕三〇節）、これは不用意だろう。

効用の集計可能性に関連して、「人数問題」と呼ばれる問題もある。詳しくは、**瀧川裕英**「**くじ引き投票制の可能性**」瀧川裕英編『くじ引きしませんか？――デモクラシーからサバイバルまで』（信山社法と哲学新書、二〇二二年）、**広瀬巌**『**パンデミックの倫理学――緊急時対応の倫理原則と新型コロナウイルス感染症**』（勁草書房、二〇二一年）一章、**G・ボグナー／I・ヒロセ**『**誰の健康が優先されるのか――医療資源の倫理学**』（児玉聡監訳、岩波書店、二〇一七年）五章などが参考になる。

権利の侵害《インフリンジメント》と不当侵害《バイオレーション》の区別については、**J. J. Thomson, *Rights, Restitution, and Risk: Essays in Moral Theory*** (Cambridge, MA: Harvard University Press, 1986), chs. 3-5 を参照。ジュディス・トムソンの権利論といえば、〈ヴァイオリニスト〉の思考実験を用いた妊娠中絶論が有名である（「**妊娠中絶の擁護**」〔塚原久美訳〕江口聡編・監訳『妊娠中絶の生命倫理――哲学者たちは何を議論したか』〔勁草書房、二〇一一年〕）。関連して、この問題を女性の権利と胎児の権利のあいだの道徳的葛藤として捉える**井上達夫**「**人間・生命・倫理**」「**胎児・女性・リベラリズム――生命倫理の基礎再考**」江原由美子編『生殖技術とジェンダー』（勁草書房、一九九六年）も必読だろう。

権利が義務に由来するのか、あるいは義務が権利に由来するのかについては見解の相違がある。

本章ではカントを引き合いに出して前者の見解について紹介した。その現代的擁護者としては、**O・オニール『正義の境界』**（神島裕子訳、みすず書房、二〇一六年）六章、**同『理性の構成――カント実践哲学の探究』**（加藤泰史監訳、法政大学出版局、二〇二〇年）一〇・一二章、**同『正義と徳を求めて――実践理性の構成主義的説明』**（高宮正貴・鈴木宏・櫛桁祐哉訳、法政大学出版局、二〇二四年）五章を参照。後者の見解については、**A・ゲワース『理性と道徳』**（式部信訳、溪水社、二〇一九年）四章、**R・ドゥウォーキン『権利論　増補版』**（木下毅・小林公・野坂泰司訳、木鐸社、二〇〇三年）五章を参照。

本章1節でも言及したように、アマルティア・センは帰結主義における結果の次元を広義に捉えることで、義務論的制約を含む行為の次元を帰結主義に収めようとする。この試みの射程は遠大である。例えば、「最終点帰結」と「包括的帰結」という彼の区別は（**『正義のアイデア』**［池本幸生訳、明石書店、二〇一一年］三一六頁〜）、最終状態のみならずそれに至るまでの機会や過程をも重視する彼のケイパビリティ論とも通底している（一一章）。類似の議論は、近年「帰結主義化」として活発に研究されている。

†第4章　無危害と善行――ハイジャック機を違法に撃墜する

航空安全法については、**松浦一夫『立憲主義と安全保障法制――同盟戦略に対応するドイツ連邦憲法裁判所の判例法形成』**（三和書籍、二〇一六年）四部を参照。同法とその判決を含むドイツの法思想については、**M・ローゼン『尊厳――その歴史と意味』**（内尾太一・峯陽一訳、岩波新書、二〇二一年）二章も参考になる。

トロリー問題も含めたトロリーの思考実験については、**D・エドモンズ『太った男を殺しますか？――「トロリー問題」が教えてくれること』**（鬼澤忍訳、太田出版、二〇一五年）、**T・カスカート『「正義」は決められるのか？――トロッコ問題で考える哲学入門』**（小川仁志監訳・高橋璃子訳、かんき出版、二〇一五年）がまとまっている。ただし、トロリー問題で何が「問題」となっているかはかなり錯綜している。本章の構成で言えば、〈運転手〉と〈歩道橋〉の違い（2節）と、〈傍観者〉と〈歩道橋〉の違い（3節）である。「問題」の名付け親であるトムソン自身、ある論文では前者を扱い、別の論文では後者を扱っているが、今日では後者を指すのが一般的である。彼女は、このように「どちらの問題にも同じ名称を与えたことで、議論を混同させてしまったことを後悔している」とのことだ（**J. J. Thomson, "Kamm on the Trolley Problems,"** in *The Trolley Problem Mysteries*, ed. E. Rakowski [New York: Oxford University Press, 2016], p. 116）。

優先テーゼに関連して、消極的義務と積極的義務の区別は、隣接する「実行《ドゥーイング》」と「容認《アローイング》」の区別、またその一種である「殺すこと《キリング》」と「死なせること《レッティングダイ》」の区別として、生命医療倫理学分野で取り沙汰されている。同分野におけるこれらの区別については、前著のなかで読書案内として示しておいた（**『平和主義とは何か――政治哲学で考える戦争と平和』**［中公新書、二〇一三年］二三六頁～）。

手段原理は、カントの義務論の中心にある定言命法のうち、いわゆる第二方式である人間性の方式に則っている——ちなみに第一方式は普遍的法則であり、第三方式は自律である。同原理の批判的検討としては、**D・パーフィット『重要なことについて　一』**（森村進訳、勁草書房、二〇二二年）九章、**同『重要なことについて　三』**（森村進訳、勁草書房、二〇二三年）五六章を参照。

手段原理は、動物は義務の対象になりえないというカント自身の議論（**『人倫の形而上学　二徳論の形而上学的原理』**［宮村悠介訳、岩波文庫、二〇二四年］一六～一七節）を超えて、動物倫理学分野で動物の権利の基礎としても引き合いに出されている。**W・キムリッカ／S・ドナルドソン「権利」**L・グルーエン編『アニマル・スタディーズ——二九の基本概念』（大橋洋一監訳、平凡社、二〇二三年）、**G・L・フランシオン『動物の権利入門——わが子を救うか、犬を救うか』**（井上太一訳、緑風出版、二〇一八年）四章、**T・レーガン『動物の権利・人間の不正——道徳哲学入門』**（井上太一訳、緑風出版、二〇二二年）六章を参照。

〈傍観者〉と〈歩道橋〉を**手段原理**で区別することに関しては、トムソンによる〈ループ〉と呼ばれる有力な反例がある。彼女自身の解決策も一本道ではない。当初トムソンは、「問題」の解決を権利の観念に訴えることで目指していたが（**J. J. Thomson, "The Trolley Problem,"** *Yale Law Journal* 94/6 [1985]）、のちにこうした方針を撤回し（**ibid.,** *The Realm of Rights* [Cambridge, MA: Harvard University Press, 1990], ch. 7）、さらに後年になると、〈傍観者〉の一人の加害が許されるという直観それ自体すらも疑うようになる（**ibid., "Turning the Trolley,"** *Philosophy and Public Affairs* 36/4

[2008])。

†第5章　目的と手段——サルトルと「汚れた手」の問題

『汚れた手』の由来に関して、サルトルのパートナーであったシモーヌ・ド・ボーヴォワールによれば、「このテーマはトロツキーの暗殺からヒントを得たものだった」らしい（**『或る戦後　上——ある女の回想』**〔朝吹登水子・二宮フサ訳、紀伊國屋書店、一九六五年〕一六五頁）。舞台である架空のイリリ国は、かつてバルカン半島西部に存在し、紀元前一六八年にローマ帝国によって併合されたイリリアから来ている。現実には、戦間期に新独政権が成立し、独ソ戦を経て戦後には共産圏に組み込まれた当時のハンガリーにヒントを得ていたとのことだ（一六七頁）。

ウォルツァーは汚れた手問題を、義務論者のネーゲルと功利主義者のヘア、ブラントのあいだの論争から引き出している。この問題については、**B・ウィリアムズ「政治と道徳的性格」**『道徳的な運——哲学論集一九七三〜一九八〇』（伊勢田哲治監訳、勁草書房、二〇一九年）、**R・M・ヘア「国家の理由」**『倫理と現代社会——役立つ倫理学を求めて』（小泉仰監訳、御茶の水書房、一九八一年）も参照。

汚れた手問題も交えたリーダーシップ論については、**J・S・ナイ『リーダー・パワー——21世紀型組織の主導者のために』**（北沢格訳、日本経済新聞出版社、二〇〇八年）五章、**J・L・バダラッコ『「決定的瞬間」の思考法——キャリアとリーダーシップを磨くために』**（金井壽宏監訳・福嶋俊造訳、東洋経済新報社、二〇〇四年）一章が参考になる。ちなみにナイには、**『ダーティー・ハンズ』**（伊藤延司訳、都市出版、一九九九年）というその名もずばりの小説がある。

カントは嘘の約束の悪性を異なった観点から論じている。第一にそれが定言命法の第一方式に抵触するという理解であり（**『道徳形而上学の基礎づけ』**［大橋容一郎訳、岩波文庫、二〇二四年］八二頁～）、第二にそれが定言命法の第二方式に抵触するという理解である（九八頁）。カントの嘘論としては、晩年のコンスタンとの論争が有名であるが、その際の嘘の悪性は第一の理解に拠っている。この点については**小谷英生『カントの「嘘論文」を読む――なぜ嘘をついてはならないのか』**（白澤社、二〇二四年）がまとまっている。

拷問の是非については、**M・テレスチェンコ『拷問をめぐる正義論――民主国家とテロリズム』**（林昌宏訳、吉田書店、二〇一八年）が包括的である。**眞嶋俊造「正しい拷問？――「正拷問論」構築に向けて」**『応用倫理』四号（二〇一〇年）も参照。功利主義的拷問論については、**P・スコフィールド『ベンサム――功利主義入門』**（川名雄一郎・小畑俊太郎訳、慶應義塾大学出版会、二〇一三年）七章、**深田三徳『法実証主義と功利主義――ベンサムとその周辺』**（木鐸社、一九八四年）一章補論一を参照。

ダシュナー事件については、**飯島暢『自由の普遍的保障と哲学的刑法理論』**（成文堂、二〇一六年）二部三章、**玉蟲由樹『人間の尊厳保障の法理――人間の尊厳条項の規範的意義と動態』**（尚学社、二〇一三年）四章、**深町晋也『緊急避難の理論とアクチュアリティ』**（弘文堂、二〇一八年）

三章二節を参照。警察官等による拷問の是非は、映画**『ダーティハリー』**やドラマ**「24」**を含めたさまざまな作品で主題化されている。

　現代の義務論者がどこまで絶対主義的かは検討の余地のあるところである。例えば、権利の絶対性を介して、功利主義に対する義務論的制約を強力に打ち出すロバート・ノージックも、「これらの付随制約が絶対的なものか、それともそれらは壊滅的な道徳上の惨事を避けるためには侵してもよいのか、……という問題は、できるだけ扱わずに済ますことを私は願っている」と言ってお茶を濁している（**『アナーキー・国家・ユートピア——国家の正当性とその限界』**［嶋津格訳、木鐸社、一九九二年］四六頁〜）。

　規則功利主義は、**R・B・ブラント「理想的規則功利主義」**（水野俊誠訳）大庭健編『現代倫理学基本論文集Ⅱ　規範倫理学篇一』（古田徹也監訳、勁草書房、二〇二一年）によって推し進められた。汚れた手問題と関連しては、**K・デ・ラザリ＝ラデク／P・シンガー『功利主義とは何か』**（森村進・森村たまき訳、岩波書店、二〇一八年）五章を参照。閾値義務論は、非絶対主義的義務論者によって幅広く採用されている。ちなみに筆者は、正戦論における最終手段の条件を閾値義務論的に解釈している（**M. Matsumoto, "A Threshold Account of Last Resort in the Ethics of War,"** *International Relations* online first [2024]）。

　拷問の制度化については、アラン・ダーショウィッツの悪名高い「拷問令状」論がある（A. M. Dershowitz, *Why Terrorism Works: Understanding the Threat, Responding to the Challenge* [New

Haven: Yale University Press, 2002〕)。彼の『**ケース・フォー・イスラエル――中東紛争の誤解と真実**』(滝川義人訳、ミルトス、二〇一〇年)は、拷問の是非を含む複数の論点を交えつつ、**N・G・フィンケルスタイン**『**イスラエル擁護論批判――反ユダヤ主義の悪用と歴史の冒瀆**』(立木勝訳、三交社、二〇〇七年)二部で批判的に検証されている。

†第6章　自国と世界――ジェリビー夫人の望遠鏡的博愛

ディケンズにとって、慈善は良きにつけ悪しきにつけ、作品の題材になりやすいテーマだったようだ。例えば、『**クリスマス・キャロル**』(村岡花子訳、新潮文庫、二〇一一年)には、寄付を求める慈善団体を足蹴にする冷酷なスクルージが登場するし、『**マーティン・チャズルウィット　上・中・下**』(北川悌二訳、ちくま文庫、一九九三年)には、二人の娘を「チャリティ」「マーシー」と名づける偽善者ペックスニフが登場する。イギリスにおける慈善の実践については、**金澤周作**『**チャリティとイギリス近代**』(京都大学学術出版会、二〇〇八年)を参照。

シンガーのグローバル正義論はかなりの幅をもっている。偏向的観点/不偏的観点の双方に目を配った議論としては、『**実践の倫理　新版**』(山内友三郎・塚崎智監訳、昭和堂、一九九九年)八章、『**グローバリゼーションの倫理学**』(山内友三郎・樫則章監訳、昭和堂、二〇〇五年)五章を参照。その一方で、今世紀に入ってから、生来の偏向的観点を克服し、不偏的配慮を最大限に発揮しようという「効果的利他主義」運動もある。**P・シンガー**『**あなたが世界のためにできるたったひとつ**

のこと――〈効果的な利他主義〉のすすめ』（関美和訳、NHK出版、二〇一五年）、**W・マッカスキル『〈効果的な利他主義〉宣言！――慈善活動への科学的アプローチ』**（千葉敏生訳、みすず書房、二〇一八年）を参照。

偏向テーゼに関連して、私たちの善行が物理的あるいは心理的に身近な他者に向かいやすいことは、「特定可能な犠牲者効果」という認知バイアスとして知られている。同効果については、**J・グリーン『モラル・トライブズ――共存の道徳哲学へ　下』**（竹田円訳、岩波書店、二〇一五年）一〇章、**児玉聡『功利と直観――英米倫理思想史入門』**（勁草書房、二〇一〇年）一〇章、**P・シンガー『あなたが救える命――世界の貧困を終わらせるために今すぐできること』**（児玉聡・石川涼子訳、勁草書房、二〇一四年）四章、**P・ブルーム『反共感論――社会はいかに判断を誤るか』**（高橋洋訳、白揚社、二〇一八年）三章などを参照。

偏向的観点／不偏的観点が入れ子状の関係にあることについては、**R・ドゥウォーキン『法の帝国』**（小林公訳、未來社、一九九五年）六章、**T・ネーゲル「公的行為における無慈悲さ」**『コウモリであるとはどのようなことか　新装版』（永井均訳、勁草書房、二〇二三年）を参照。ラインホールド・ニーバーは、「愛国主義が個人の無私の態度を国民のエゴイズムへと転化させてしまう」という「倫理的パラドックス」を指摘している（**『道徳的人間と非道徳的社会』**［千葉眞訳、岩波文庫、二〇二四年］一五九頁〜）。

道具的／制度的／関係的議論の区別については、**E. Beaton et al., "Crisis Nationalism: To What**

Degree Is National Partiality Justifiable during a Global Pandemic?" *Ethical Theory and Moral Practice* 24/1 (2021) を参考にした。道具的議論については、**R. E. Goodin, "What Is So Special about Our Fellow Countrymen?"** *Ethics* 98/4 (1988) を、制度的議論については、**A. Sangiovanni, "Global Justice, Reciprocity, and the State,"** *Philosophy and Public Affairs* 35/1 (2007) を、関係的議論については、**瀧川裕英『国家の哲学――政治的責務から地球共和国へ』**（東京大学出版会、二〇一七年）三章、**横濱竜也『遵法責務論』**（弘文堂、二〇一六年）八章も参照。

不偏テーゼに関連して、戦争の禁止や拷問の禁止といった消極的義務の規範化については、**O・ハサウェイ／S・シャピーロ『逆転の大戦争史』**（野中香方子訳、文藝春秋、二〇一八年）、**L・ハント『人権を創造する』**（松浦義弘訳、岩波書店、二〇一一年）、**S・ピンカー『暴力の人類史 上・下』**（幾島幸子・塩原通緒訳、青土社、二〇一五年）を参照。ただし、近年のウクライナ戦争やガザ紛争の勃発を前にしては、こうした楽観的進歩史観もある程度割り引いて考えたくなるかもしれない。

積極的義務を集合化することについて、より詳しくは**B. Hooker**, *Ideal Code, Real World: A Rule-Consequentialist Theory of Morality* (Oxford: Clarendon Press, 2000), ch. 8; **L. B. Murphy**, *Moral Demands in Nonideal Theory* (New York: Oxford University Press, 2000), ch. 5を参照。この場合、ほかの行為主体の不遵守の埋め合わせをすべきかどうかが論点となる。これについては、**K・A・アッピア『コスモポリタニズム――「違いを越えた交流と対話」の倫理』**（三谷尚澄訳、みすず書房、

二〇二二年）一〇章、**シンガー『あなたが救える命』**九章も参照。完全遵守仮定下での義務のみ果たせばよいという見解は「集合的帰結主義」と呼ばれている（**D・パーフィット『理由と人格――非人格性の倫理へ』**〔森村進訳、勁草書房、一九九八年〕一三節）。

一九世紀イギリスのアフリカにおける「人道主義」については、**五十嵐元道『支配する人道主義――植民地統治から平和構築まで』**（岩波書店、二〇一六年）二章を参照。

†第7章　戦争と犠牲――ローン・サバイバーの葛藤

本論で触れたように、本章の題材は**M・サンデル『これからの「正義」の話をしよう――いまを生き延びるための哲学』**（鬼澤忍訳、ハヤカワ文庫、二〇一一年）一章で〈アフガニスタンのヤギ飼い〉として紹介されている。**『ローン・サバイバー』**のタイトルで映画化もされており、ラトレル本人も幾つかの場面でカメオ出演しているようだ。ただし、主人公の思考や葛藤の詳細を追体験するためには、書籍に当たってみるのが一番だろう。

民間人の保護については、**眞嶋俊造『民間人保護の倫理――戦争における道徳の探求』**（北海道大学出版会、二〇一〇年）がまとまっている。現代では戦闘員の保護も重要な規範的要請である。とりわけこれは、自国民の死活的利益が賭けられていないが、他国民の権利を保全するために訴えられる軍事行動、いわゆる人道的介入において先鋭的に問われる（六章二節）。この点について筆者は、**「人道的介入の倫理とその解剖」**『SYNODOS』（二〇一三年）でより詳細を論じた。

二重結果説を検討するにあたっては、「意図」とは何かについて考える必要があるが、その現代的古典が**G・E・M・アンスコム『インテンション――行為と実践知の哲学』**（柏端達也訳、岩波書店、二〇二二年）である。本論で示した、同説を**手段原理**に引きつける解釈は、**W. S. Quinn, "Actions, Intentions, and Consequences: The Doctrine of Double Effect,"** *Philosophy and Public Affairs* 18/4 (1989) で古典的に示されている。**手段原理**と**二重結果説**の関係については、**M・E・ブラットマン『意図と行為――合理性、計画、実践的推論』**（門脇俊介・高橋久一郎訳、産業図書、一九九四年）一〇章も参照。

二〇〇八～〇九年ガザ紛争における民間人優先論／自国民優先論の論争については、**A. Margalit and M. Walzer, "Israel: Civilians and Combatants,"** *New York Review of Books* 56/8 (2009); **A. Kasher, A. Yadlin, A. Margalit and M. Walzer, "'Israel and the Rules of War': An Exchange,"** *New York Review of Books* 56/10 (2009) を参照。同論争は、**G・シャマユー『ドローンの哲学――遠隔テクノロジーと〈無人化〉する戦争』**（渡名喜庸哲訳、明石書店、二〇一八年）三章一節で若干紹介されている。とはいえ、「ダヒヤ・ドクトリン」として知られるような同紛争におけるイスラエルの行動原理は、付随的損害の範疇に括ることすら不適格であると考えざるをえない。

チャーチルが示唆したドイツ諸都市への爆撃が民間人への意図的加害に当たることは、爆撃を指揮したアーサー・ハリスの驚くほど率直な認識からも明らかだろう――いわく、「住宅、公共物、輸送、生命の破壊、未曽有の規模で発生する難民問題、拡大し、重点化した爆撃の恐怖による国内及び戦場での士気の喪失。これらを受容し、わが国の爆撃政策の目的とする。これらは工場を爆撃する試みの副産物ではない」（M・マクミラン『**戦争論――私たちにとって戦いとは**』〔真壁広道訳、えにし書房、二〇二一年〕二三五頁重引）。当時のチャーチルの言行については、映画『**イントゥザストーム――チャーチル　第二次大戦の嵐**』が見やすくまとまっている。

†第8章　選択と責任――カミュが描く「正義の人びと」

『正義の人びと』の着想元は、カリャーエフの友人であったサヴィンコフの『**テロリスト群像上**』（川崎浹訳、岩波現代文庫、二〇〇七年）二章である。サヴィンコフはペンネームのロープシンとして、カリャーエフをモデルとした人物も登場する自伝的小説『**蒼ざめた馬**』（川崎浹訳、岩波現代文庫、二〇〇六年）も書いている。同じ題材は、**大佛次郎**「**詩人**」池内紀・川本三郎・松田哲夫編『幸福の持参者』（新潮文庫、二〇一四年）でも作品化されている。

徳倫理学内部には複数の学説があるが、それらの整理・分類については、**C・スワントン**「**徳倫理学の定義**」D・C・ラッセル編『ケンブリッジ・コンパニオン徳倫理学』（立花幸司監訳、春秋社、二〇一五年）が有益である。評価基準として行為主体に着目することについては、**M・スロート**「**行為者基底的な徳倫理学**」（相松慎也訳）大庭健編『現代倫理学基本論文集Ⅲ　規範倫理学篇二』（古田徹也監訳、勁草書房、二〇二一年）、**R・ハーストハウス**『**徳倫理学について**』（土橋茂樹訳、知泉書館、二〇一四年）一章を参照。悲劇性を含むジレンマ状況に対する徳倫理学的応答としては、**L・ファン・セイル「徳倫理学と正しい行為」**ラッセル編『ケンブリッジ・コンパニオン徳倫理学』所収を参照。

『ヒューマニズムとテロル』とその周辺におけるメルロ＝ポンティについては、**金田耕一『メルロ＝ポンティの政治哲学――政治の現象学』**（早稲田大学出版部、一九九六年）、**川崎唯史『メルロ＝ポンティの倫理学――誕生・自由・責任』**（ナカニシヤ出版、二〇二二年）一一章を参照。『反抗的人間』とその周辺におけるカミュについては、**竹内修一『死刑囚たちの「歴史」――アルベール・カミュ『反抗的人間』をめぐって』**（風間書房、二〇一一年）、**奈良和重『理性と反抗――反時代的批判論集』**（酒井書店、一九七四年）三部を参照。

汚れた手の謝罪論としては、**C. Nick, "Official Apologies as Reparations for Dirty Hands,"** ***Journal of Social Philosophy*** **55/4 (2024)** を参考にした。過去の集団的過ちに対する集合的責任の問題は、日本では戦争責任・戦後責任論として取り沙汰されてきた。**安彦一恵・魚住洋一・中岡成文編『戦争責任と「われわれ」――「「歴史主体」論争」をめぐって』**（ナカニシヤ出版、一九九九年）を参照。応答責任の観点からの議論については、**大庭健『「責任」ってなに？』**（講談社現代新書、二〇〇五年）、**高橋哲哉『戦後責任論』**（講談社学術文庫、二〇〇五年）が参考になる。謝罪と未来への約束の関係については、**古田徹也『謝罪論――謝るとは何をすることなのか』**（柏書房、二〇二三年）三章二節も参照。

中長期的に、悪と悪のあいだの選択それ自体を克服する方途を探ることも忘れてはならない。この点で示唆的なのが、ロールズに端を発する「理想理論」と「非理想理論」の区別である（**『正義論　改訂版』**〔川本隆史・福間聡・神島裕子訳、紀伊國屋書店、二〇一〇年〕二節）。最善の選択を望めない非理想状態において、例えば武装抗争を防ぐための自由の制限はマシな悪でありうる（三二六頁〜）。ただし同時に、こうした状態を克服するためには、最善の選択とは何かについて考える理想理論も必要である。この点について筆者は、戦争という非理想状態を主題に**「平和研究としての政治哲学――「理想」を再定義する」**『平和研究』六〇号（二〇二三年）で検討した。

フランスのアルジェリア戦争を含む植民地支配に対する向き合い方については、**大嶋えり子『旧植民地を記憶する――フランス政府による〈アルジェリアの記憶〉の承認をめぐる政治』**（吉田書店、二〇二二年）、**小山田紀子他編『植民地化・脱植民地化の比較史――フランス・アルジェリアと日本・朝鮮関係を中心に』**（藤原書店、二〇二三年）を参照。アルジェリア問題に対するカミュの立ち位置については、**千々岩靖子『カミュ――歴史の裁きに抗して』**（名古屋大学出版会、二〇一四年）が包括的である。

サルトル＝カミュ論争については、**カミュ／サルトル『革命か反抗か――カミュ＝サルトル論争改版』**（佐藤朔訳、新潮文庫、二〇〇六年）がある。モスクワ裁判を正当化していると言って、カミュがメルロ＝ポンティを難詰したエピソードは、**J＝P・サルトル「メルロー・ポンチ」**（平井啓之訳）『サルトル全集三〇　シチュアシオンⅣ――肖像集』（佐藤朔訳者代表、人文書院、一九六四年）一八一頁〜に記録されている。

†終章　政治哲学の行方

アシモフについては、**稲葉振一郎『銀河帝国は必要か?――ロボットと人類の未来』**（ちくまプリマー新書、二〇一九年）で詳しく論じられている。ロボット工学の三原則はのちに改訂されて、人間の代わりに人類を対象とする「第零法則」が加えられることになる（**『ロボットと帝国　下』**［小尾芙佐訳、ハヤカワ文庫、一九九八年］六三節）。同原則に類する原則は多くの作品で見ることができる。日本でも馴染み深いものとして、手塚治虫の作品**『鉄腕アトム』**には、原則一条に類似した一三条を含むロボット法が登場する。

自動運転車が直面しうるジレンマ状況については、近年多くの研究によって議論されているが、包括的成果のひとつとして、**R. Jenkins et al. (eds.),** ***Autonomous Vehicle Ethics: The Trolley Problem and Beyond*** (New York: Oxford University Press, 2022) がある。こうした論点については、マサチューセッツ工科大学を中心に進められている「モラル・マシン」プロジェクトも知られている (https://www.moralmachine.net/hl/ja)。

司法におけるAI活用の是非については、**宇佐美誠「AI裁判官――技術・機能・原理」**田中成明・足立幸男編『政治における法と政策――公共政策学と法哲学の対話に向けて』（勁草書房、二〇二三年）、**西村友海「裁判官はAIで代替できるか?」**瀧川裕英編『もっと問いかける法哲学』（法律文化社、二〇二四年）などを、政治におけるAI活用の是非については、**安藤馨「AIとそ**

の道徳的能力——AIによる統治の正当性条件を巡って」、**岡本慎平・稲葉振一郎「AIと統治」**稲葉振一郎他編『人工知能と人間・社会』（勁草書房、二〇二〇年）などを参照。こうした論点は、**山本龍彦編『AIと憲法』**（日本経済新聞出版社、二〇一八年）六〜九章でも網羅的に取り上げられている。

AIの開発と普及は日進月歩であり、アルゴクラシーも含め、それが私たちの政治を中長期的にどのように変えるかという見立てもさまざまである。**M・クーケルバーク『AIの政治哲学』**（直江清隆訳者代表、丸善出版、二〇二三年）四章、**Y・N・ハラリ『ホモ・デウス——テクノロジーとサピエンスの未来　下』**（柴田裕之訳、河出文庫、二〇二二年）九章、**L・フロリディ『第四の革命——情報圏が現実をつくりかえる』**（春木良且・犬束敦史監訳、新曜社、二〇一七年）八章などを参照。

引用・参考文献

アシモフ、I『われはロボット　決定版』小尾芙佐訳、ハヤカワ文庫、二〇〇四年
アムネスティ・インターナショナル編『現代の拷問——世界の政治犯は訴える』清水俊雄訳、柘植書房、一九七五年
アリストテレス『ニコマコス倫理学　上』高田三郎訳、岩波文庫、一九七一年
アリストテレス『政治学』牛田徳子訳、京都大学学術出版会、二〇〇一年
アンスコム、G・E・M「現代道徳哲学」(生野剛志訳)大庭健編『現代倫理学基本論文集Ⅲ　規範倫理学篇二』古田徹也監訳、勁草書房、二〇二一年
ウィリアムズ、B「人物・性格・道徳性」『道徳的な運——哲学論集一九七三〜一九八〇』伊勢田哲治監訳、勁草書房、二〇一九年
ウィリアムズ、B「功利主義と自己耽溺」『道徳的な運』所収
ウィリアムズ、B「諸価値の衝突」『道徳的な運』所収
ウィンターボーザム、F・W『ウルトラ・シークレット——第二次世界大戦を変えた暗号解読』平井イサク訳、ハヤカワ文庫、一九七八年
ヴェーバー、M『職業としての政治　改版』脇圭平訳、岩波文庫、二〇二〇年
ウォルツァー、M『正しい戦争と不正な戦争』萩原能久監訳、風行社、二〇〇八年
ウォルツァー、M『戦争を論ずる——正戦のモラル・リアリティ』駒村圭吾・鈴木正彦・松元雅和訳、風行社、二〇〇八年
ウォルツァー、M「政治行為と「汚れた手」という問題」D・ミラー編『政治的に考える——マイケル・ウォルツァー論集』萩原能久・齋藤純一監訳、風行社、二〇一二年

ヴォルテール『ルイ十四世の世紀　三』丸山熊雄訳、岩波文庫、一九八二年
カミュ『反抗的人間　カミュ全集六』佐藤朔・白井浩司訳、新潮社、一九七三年
カミュ『正義の人びと』中村まり子訳、藤原書店、二〇二三年
カント『人倫の形而上学　一　法論の形而上学的原理』熊野純彦訳、岩波文庫、二〇二四年
カント『人倫の形而上学　二　徳論の形而上学的原理』宮村悠介訳、岩波文庫、二〇二四年
カント『道徳形而上学の基礎づけ』大橋容一郎訳、岩波文庫、二〇二四年
キケロー「義務について」『キケロー選集九　哲学II』高橋宏幸訳、岩波書店、一九九九年
ギリガン、C『もうひとつの声で――心理学の理論とケアの倫理』川本隆史・山辺恵理子・米典子訳、風行社、二〇二二年
グーディン、R・E「正義のグローバル化」D・ヘルド／M・K・アーキブージ編『グローバル化をどうとらえるか――ガヴァナンスの新地平』中谷義和監訳、法律文化社、二〇〇四年
国連平和維持活動局「国連平和維持活動　原則と指針」、二〇〇八年、https://www.unic.or.jp/files/pko_100126.pdf
コジェーヴ、A『法の現象学　新装版』今村仁司・堅田研一訳、法政大学出版局、二〇一五年
ゴッドウィン『政治的正義　世界大思想全集一七』加藤一夫訳、春秋社、一九三〇年
佐々木雄太・木畑洋一編『イギリス外交史』有斐閣、二〇〇五年
サルトル、J＝P「アルベール・カミュ」（菅野昭正訳）『サルトル全集三〇　シチュアシオンIV――肖像集』佐藤朔訳者代表、人文書院、一九六四年
サルトル、J＝P「みなさんは素晴しい」（二宮敬訳）『サルトル全集三一　シチュアシオンV――植民地問題』白井健三郎訳者代表、人文書院、一九六五年
サルトル、J＝P「汚れた手」（白井浩司訳）『サルトル全集七　改訂版』白井浩司・鈴木力衛訳、人文書院、一九七〇年
サルトル、J＝P『文学とは何か　改訳新装版』加藤周一・白井健三郎・海老坂武訳、人文書院、一九九八年
サンデル、M『これからの「正義」の話をしよう――いまを生き延びるための哲学』鬼澤忍訳、ハヤカワ文庫、二〇一

一年
ジャンソン、F『サルトル』伊吹武彦訳、人文書院、一九五七年
シュレシンジャー、A・M「国益と道徳的完全性」『アメリカ史のサイクル　一　外交問題と国益』飯野正子訳、パーソナルメディア、一九八八年
シンガー、P『あなたが救える命――世界の貧困を終わらせるために今すぐできること』児玉聡・石川涼子訳、勁草書房、二〇一四年
シンガー、P『飢えと豊かさと道徳』児玉聡監訳、勁草書房、二〇一八年
スタイナー、G『アンティゴネーの変貌』海老根宏・山本史郎訳、みすず書房、一九八九年
スミス、A『道徳感情論　上』水田洋訳、岩波文庫、二〇〇三年
セン、A『正義のアイデア』池本幸生訳、明石書店、二〇一一年
セン、A『経済学と倫理学――アマルティア・セン講義』徳永澄憲・松本保美・青山治城訳、ちくま学芸文庫、二〇一六年
ソポクレース『アンティゴネー』中務哲郎訳、岩波文庫、二〇一四年
瀧川裕英『責任の意味と制度――負担から応答へ』勁草書房、二〇〇三年
チャーチル、W『第二次世界大戦　完訳版　一　湧き起こる戦雲』伏見威蕃訳、みすず書房、二〇二三年
チャーチル、W『第二次世界大戦　完訳版　二　彼らの最良のとき』伏見威蕃訳、みすず書房、二〇二四年
ディケンズ、C『マーティン・チャズルウィット　中』北川悌二訳、ちくま文庫、一九九三年
ディケンズ、C『荒涼館　一』佐々木徹訳、岩波文庫、二〇一七年
ディンウィディ、J・R『ベンサム』永井義雄・近藤加代子訳、日本経済評論社、一九九三年
ドイツ憲法判例研究会編『ドイツの憲法判例　四』信山社、二〇一八年
夏目漱石「私の個人主義」三好行雄編『漱石文明論集』岩波文庫、一九八六年
成田悠輔『22世紀の民主主義――選挙はアルゴリズムになり、政治家はネコになる』SB新書、二〇二二年
ネーゲル、T『どこでもないところからの眺め』中村昇他訳、春秋社、二〇〇九年

ネーゲル、T「道徳における運の問題」『コウモリであるとはどのようなことか　新装版』永井均訳、勁草書房、二〇二三年
ネーゲル、T「戦争と大量虐殺」『コウモリであるとはどのようなことか』所収
ノージック、R『アナーキー・国家・ユートピア――国家の正当性とその限界』嶋津格訳、木鐸社、一九九二年
ヒポクラテス「流行病　一」『古い医術について　他八篇』小川政恭訳、岩波文庫、一九六三年
ヒューム、D『人間本性論　三　道徳について　普及版』伊勢俊彦・石川徹・中釜浩一訳、法政大学出版局、二〇一九年
ファノン、F『地に呪われたる者　新装版』鈴木道彦・浦野衣子訳、みすず書房、二〇一五年
フォン・シーラッハ、F『テロ』酒寄進一訳、東京創元社、二〇一六年
プラトン『国家　上』藤沢令夫訳、岩波文庫、一九七九年
プラトン『法律　下』森進一・池田美恵・加来彰俊訳、岩波文庫、一九九三年
ベイツ、C『国際秩序と正義』進藤榮一訳、岩波書店、一九八九年
ヘーゲル、G・W・F『宗教哲学講義』山﨑純訳、講談社学術文庫、二〇二三年
ベンサム、J『道徳および立法の諸原理序説　上』中山元訳、ちくま学芸文庫、二〇二二年
ポッゲ、T『なぜ遠くの貧しい人への義務があるのか――世界的貧困と人権』立岩真也監訳、生活書院、二〇一〇年
マキアヴェッリ『君主論』河島英昭訳、岩波文庫、一九九八年
マキァヴェッリ『ディスコルシ――「ローマ史」論』永井三明訳、ちくま学芸文庫、二〇一一年
松村昌家編『『パンチ』素描集――19世紀のロンドン』岩波文庫、一九九四年
松元雅和「ダブル・エフェクトの原理――正戦論における適用とその問題」『倫理学年報』六〇集、二〇一一年
松元雅和『応用政治哲学――方法論の探究』風行社、二〇一五年
松元雅和『公共の利益とは何か――公と私をつなぐ政治学』日本経済評論社、二〇二一年
丸山眞男「政治的判断」松本礼二編注『政治の世界　他十篇』岩波文庫、二〇一四年
ミラー、D『国際正義とは何か――グローバル化とネーションとしての責任』富沢克・伊藤恭彦・長谷川一年・施光

恒・竹島博之訳、風行社、二〇一一年
ミル、J・S「功利主義」『功利主義論集』川名雄一郎・山本圭一郎訳、京都大学学術出版会、二〇一〇年
メルヴィル『ビリー・バッド』坂下昇訳、岩波文庫、一九七六年
メルロ＝ポンティ、M『ヒューマニズムとテロル——共産主義の問題に関する試論 新装版』合田正人訳、みすず書房、二〇二一年
モンテスキュー『ペルシア人の手紙』田口卓臣訳、講談社学術文庫、二〇二〇年
ラトレル、M／P・ロビンソン『アフガン、たった一人の生還』高月園子訳、亜紀書房、二〇〇九年
ラルテギー、J『名誉と栄光のためでなく』岩瀬孝訳、冬樹社、一九六六年
ルソー『エミール 下 改版』今野一雄訳、岩波文庫、二〇〇七年
ロールズ、J『正義論 改訂版』川本隆史・福間聡・神島裕子訳、紀伊國屋書店、二〇一〇年
Danaher, J., "The Threat of Algocracy: Reality, Resistance and Accommodation," *Philosophy and Technology* 29/3, 2016
Dinstein, Y., *The Conduct of Hostilities under the Law of International Armed Conflict*, 4th ed., Cambridge: Cambridge University Press, 2022
Feinberg, J., "Voluntary Euthanasia and the Inalienable Right to Life," *Philosophy and Public Affairs* 7/2, 1978
Foot, P., "The Problem of Abortion and the Doctrine of the Double Effect," *Oxford Review* 5, 1967
Hurka, T., "Proportionality in the Morality of War," *Philosophy and Public Affairs* 33/1, 2005
Kamm, F. M., "Failures of Just War Theory: Terror, Harm, and Justice," *Ethics* 114/4, 2004
Kasher, A. and A. Yadlin, "Military Ethics of Fighting Terror: An Israeli Perspective," *Journal of Military Ethics* 4/1, 2005
Lazar, S., "Associative Duties and the Ethics of Killing in War," *Journal of Practical Ethics* 1/1, 2013
Rothstein, B., *The Quality of Government: Corruption, Social Trust, and Inequality in International Perspective*, Chicago: University of Chicago Press, 2011
Thomson, J. J., "Killing, Letting Die, and the Trolley Problem," *Monist* 59/2, 1976
Thomson, J. J., "The Trolley Problem," *Yale Law Journal* 94/6, 1985

［ＤＶＤ］『アルジェの戦い』監督：Ｇ・ポンテコルヴォ、カスバ・フィルム、一九六六年（ＫＩＢＦ－２１２０）
［動画］"Steve Endacott on his AI-Counterpart's Role in His UK Parliament Platform," CNN. https://www.youtube.com/watch?v=CdrmeN3BMm4（二〇二五年一月九日アクセス）

図表作成　ケー・アイ・プランニング

松元雅和（まつもと・まさかず）

1978年東京都生まれ．慶應義塾大学大学院法学研究科博士課程修了．博士（法学）．島根大学，関西大学を経て，2018年より日本大学法学部准教授，20年同教授．専攻は，政治哲学・政治理論．
単著『リベラルな多文化主義』（慶應義塾大学出版会，2007年）
『平和主義とは何か――政治哲学で考える戦争と平和』（中公新書，2013年．第35回石橋湛山賞）
『応用政治哲学――方法論の探究』（風行社，2015年）
『公共の利益とは何か――公と私をつなぐ政治学』（日本経済評論社，2021年）
共著『ここから始める政治理論』（有斐閣，2017年）
『正義論――ベーシックスからフロンティアまで』（法律文化社，2019年）
『現実と向き合う政治理論』（放送大学教育振興会，2022年）など
主要論文は，*International Relations*, *European Journal of International Relations*, *International Politics*, *AI and Society* など国内外の学術誌に掲載されている．

政治哲学講義《せいじてつがくこうぎ》
中公新書 *2850*

2025年4月25日発行

著者 松元雅和
発行者 安部順一

本文印刷 三晃印刷
カバー印刷 大熊整美堂
製本 フォーネット社

発行所 中央公論新社
〒100-8152
東京都千代田区大手町 1-7-1
電話 販売 03-5299-1730
編集 03-5299-1830
URL https://www.chuko.co.jp/

Published by CHUOKORON-SHINSHA, INC.
Printed in Japan ISBN978-4-12-102850-1 C1231

中公新書刊行のことば

いまからちょうど五世紀まえ、グーテンベルクが近代印刷術を発明したとき、書物の大量生産は潜在的可能性を獲得し、いまからちょうど一世紀まえ、世界のおもな文明国で義務教育制度が採用されたとき、書物の大量需要の潜在性が形成された。この二つの潜在性がはげしく現実化したのが現代である。

いまや、書物によって視野を拡大し、変りゆく世界に豊かに対応しようとする強い要求を私たちは抑えることができない。この要求にこたえる義務を、今日の書物は背負っている。だが、その義務は、たんに専門的知識の通俗化をはかることによって果たされるものでもなく、通俗的好奇心にうったえて、いたずらに発行部数の巨大さを誇ることによって果たされるものでもない。現代を真摯に生きようとする読者に、真に知るに価いする知識だけを選びだして提供すること、これが中公新書の最大の目標である。

私たちは、知識として錯覚しているものによってしばしば動かされ、裏切られる。私たちは、作為によってあたえられた知識のうえに生きることがあまりに多く、ゆるぎない事実を通して思索することがあまりにすくない。中公新書が、その一貫した特色として自らに課すものは、この事実のみの持つ無条件の説得力を発揮させることである。現代にあらたな意味を投げかけるべく待機している過去の歴史的事実もまた、中公新書によって数多く発掘されるであろう。

中公新書は、現代を自らの眼で見つめようとする、逞しい知的な読者の活力となることを欲している。

一九六二年一一月

哲学・思想

1	日本の名著（改版）	桑原武夫編
2187	物語 哲学の歴史	伊藤邦武
2378	保守主義とは何か	宇野重規
2522	リバタリアニズム	渡辺　靖
2591	白人ナショナリズム	渡辺　靖
2288	フランクフルト学派	細見和之
2799	戦後フランス思想	伊藤　直
2300	フランス現代思想史	岡本裕一朗
832	外国人による日本論の名著	佐伯彰一・芳賀　徹編
1696	日本文化論の系譜	大久保喬樹
2097	江戸の思想史	田尻祐一郎
2276	本居宣長	田中康二
2686	中国哲学史	中島隆博
1989	諸子百家	湯浅邦弘
36	荘　子	福永光司
1695	韓非子	冨谷　至
2042	菜根譚	湯浅邦弘
2220	言語学の教室	西村義樹・野矢茂樹
1862	入門！論理学	野矢茂樹
448	詭弁論理学（改版）	野崎昭弘
2757	J・S・ミル	関口正司
1939	ニーチェ ツァラトゥストラの謎	村井則夫
2594	マックス・ウェーバー	野口雅弘
2597	カール・シュミット	蔭山　宏
2257	ハンナ・アーレント	矢野久美子
2339	ロラン・バルト	石川美子
2674	ジョン・ロールズ	齋藤純一・田中将人
674	時間と自己	木村　敏
2495	幸福とは何か	長谷川　宏
2505	正義とは何か	神島裕子
2846	平等とは何か	田中将人

心理・精神医学

c1

RC 1886 中公新書

政治・法律

h2

- 108 国際政治（改版） 高坂正堯
- 1686 国際政治とは何か 中西　寛
- 2190 国際秩序 細谷雄一
- 1899 国連の政治力学 北岡伸一
- 2807 グリーン戦争―気候変動の国際政治 上野貴弘
- 2574 戦争とは何か 多湖　淳
- 2652 戦争はいかに終結したか 千々和泰明
- 2697 戦後日本の安全保障 千々和泰明
- 2621 リベラルとは何か 田中拓道
- 2410 ポピュリズムとは何か 水島治郎
- 2207 平和主義とは何か 松元雅和
- 2195 入門 人間の安全保障（増補版） 長　有紀枝
- 2394 難民問題 墓田　桂
- 2629 ロヒンギャ危機―「民族浄化」の真相 中西嘉宏
- 2848 外交とは何か 小原雅博
- 2133 文化と外交 渡辺　靖
- 113 日本の外交 入江　昭
- 2402 現代日本外交史 宮城大蔵
- 2611 アメリカの政党政治 岡山　裕
- 1272 アメリカ海兵隊 野中郁次郎
- 2650 米中対立 佐橋　亮
- 2405 欧州複合危機 遠藤　乾
- 2568 中国の行動原理 益尾知佐子
- 2803 台湾のデモクラシー 渡辺将人
- 2734 新興国は世界を変えるか 恒川惠市
- 700 戦略的思考とは何か（改版） 岡崎久彦
- 2215 戦略論の名著 野中郁次郎編著
- 721 地政学入門（改版） 曽村保信
- 2566 海の地政学 竹田いさみ
- 2722 陰謀論 秦　正樹
- 2850 政治哲学講義 松元雅和